L'ART ÉQUESTRE

PREMIÈRE PARTIE

ALLURES ET CHANGEMENTS D'ALLURES

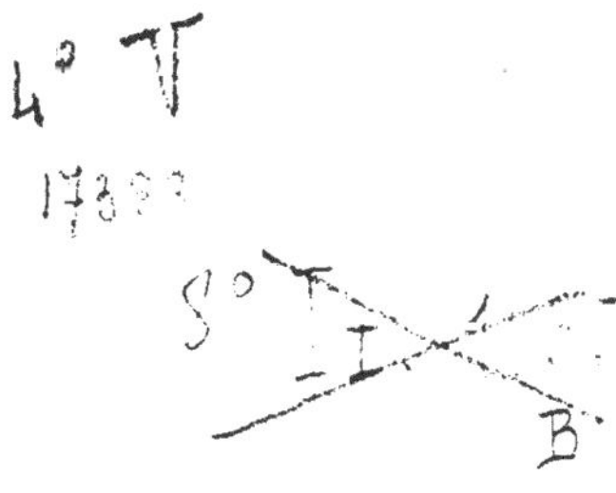

LE CAPITAINE RAABE

TRAITÉ D'ÉQUITATION DE HAUTE ÉCOLE

L'ART ÉQUESTRE

PREMIÈRE PARTIE

ICONOGRAPHIE DES ALLURES

ET DES CHANGEMENTS D'ALLURES

PAR E. BARROIL

PRÉCÉDÉE D'UNE LETTRE-PRÉFACE

DU CAPITAINE RAABE

177 VIGNETTES ET DESSINS PAR GUSTAVE PARQUET

PARIS

J. ROTHSCHILD, ÉDITEUR

13, RUE DES SAINTS-PÈRES, 13

1889

ERRATA

Page 19, ligne 15, et page 24, ligne 6, au lieu de : *l'étendue des centres de mouvement*; lisez : LA DISTANCE DES CENTRES DE MOUVEMENT.

Page 59, lignes 12 et 13, au lieu de : *tombe à l'appui et construit*; lisez : TOMBERA A L'APPUI ET CONSTRUIRA.

Page 77, lignes 4 et 5, au lieu de : *entre l'antérieur droit et lui*; lisez : ENTRE L'ANTÉRIEUR DROIT ET L'ANTÉRIEUR GAUCHE.

Page 101, ligne 12, au lieu de : *si nous plaçons sous chacune des deux bases*; lisez : SI NOUS INSCRIVONS SOUS CHACUNE DE CES DEUX DERNIÈRES ÉTENDUES.

Page 109, lignes 16 et 26, au lieu de : *la figure* 1; lisez : L'ATTITUDE 1.

Page 110, fig. 26, au lieu de : *Infer Vitesse, 1m,00 sur 1m,40*; lisez : INFER-VITESSE 1m,00 sur 2m,40.

Page 119, lignes 2 et 3, au lieu de : *correspondant aux points*; lisez : AUX POINTS CORRESPONDANTS.

A MON MAITRE ET AMI

E CAPITAINE RAABE

E. B.

A MONSIEUR ÉTIENNE BARROIL

MON CHER ÉLÈVE,

N *1863, j'ai publié ma* Méthode de haute école d'équitation *aujourd'hui complètement épuisée; une nouvelle édition s'impose.*

Depuis cette époque, la science hippique a progressé, grâce surtout aux Notations graphiques *de M. Marey.*

Ces découvertes m'ont permis de définir les Vitesses relatives des progressions simultanées de la masse et des pieds à toutes les allures sautées du cheval.

Cette théorie permet de représenter les attitudes successives et régulières que prend le cheval pendant la marche et met en évidence le Mécanisme de l'allure.

Ce travail, celui du Cadran hippique des allures marchées, *et quelques autres études, je les ai successivement publiés dans divers journaux,* le Spectateur militaire, la France chevaline, le Journal des Haras, les Archives vétérinaires d'Alfort, etc.

Il s'agirait actuellement de concentrer tous ces travaux et de les compléter. C'est une tâche longue, sérieuse, qui ne peut être entreprise que par un homme compétent, un écuyer possédant et raisonnant toute la science hippique.

C'est vous, un de mes meilleurs élèves, que je choisis pour mener à bien cette entreprise. Vous êtes écuyer, vous possédez la pratique aussi bien que la théorie; et votre expérience, vos longues études et vos recherches personnelles me sont un sûr garant du succès.

Je viens donc vous demander, mon cher élève, d'être assez dévoué pour vous charger de l'exécution de la Méthode de Haute École d'Équitation *complétée par les nouvelles découvertes.*

Cette méthode enseignera :

1. — Les lois de la mécanique animale;

2. — Les moyens de substituer la volonté de l'homme à celle du cheval, ce qui rend facile le maniement de l'animal monté, à la condition expresse de ne jamais violer les lois du mécanisme de ses allures régulières.

M. de la Guérinière, écuyer du Roi, dans son École de cavalerie, 1754, enseigne :

« La plupart de ceux qui montent à cheval n'ont qu'une idée confuse « des mouvements des jambes de cet animal dans les différentes allures; « cependant, sans une connaissance aussi essentielle à un cavalier, il est « impossible qu'il puisse faire agir des ressorts dont il ne connaît pas la « mécanique. »

N'en est-il pas de même en 1885?

Bien à vous.

RAABE,

Écuyer-Professeur,
Chevalier de la Légion d'Honneur.

Au Capitaine RAABE

Mon cher Maître,

e me rends à vos désirs : je commence sans plus tarder les ouvrages dont vous voulez bien me confier l'exécution. Je me propose de résumer votre enseignement d'une façon simple, terre-à-terre, pour qu'il soit à la portée de tous *: je sais que cette simplicité dans l'exposition entre dans vos vues.*

Recevez, mon cher Maître, l'assurance de mes sentiments affectueux.

E. BARROIL.

INTRODUCTION

OTRE Méthode de Haute École d'Équitation se divise en deux parties : la première, qui fait l'objet de cette publication, traite de la mécanique animale ; la deuxième, que nous publierons prochainement, s'occupera spécialement du dressage basé sur la locomotion animale, les déplacements de poids et d'assiette du cavalier, et l'emploi raisonné de l'éperon.

Le premier de ces ouvrages sera divisé lui-même en trois parties : la première sera consacrée aux *allures marchées;* la deuxième aux *allures sautées;* la troisième exclusivement aux *changements d'allure.*

Si nous donnons au premier de ces ouvrages un développement relativement considérable, c'est que l'étude des allures nous paraît généralement négligée et que nous sommes persuadé que, sans l'étude approfondie de la locomotion animale, il n'est pas possible d'aborder avec succès un système d'équitation quelconque. En effet, est-il rationnel que l'on puisse se servir d'une machine dont on ne connaîtrait pas tous les rouages? On apprend au soldat à démonter son fusil, à en connaître les diverses pièces, à en étudier le mécanisme avant de s'en servir; pourquoi n'apprendrait-on pas au cavalier à étudier le mécanisme des allures? Sans cette connaissance essentielle, comment peut-il faire des demandes avec justesse; comment peut-il faire agir des ressorts dont le jeu lui est inconnu? C'est parce que l'étude de la locomotion du cheval est négligée, parce que les lois du mécanisme de l'animal sont violées, que l'on rencontre dans le dressage des résistances souvent sérieuses : l'animal, ne comprenant pas et se trouvant en présence d'une impossibilité matérielle, se rebute et se défend.

Quand on connaîtra à fond les lois qui régissent la mécanique animale, la plupart des résistances disparaîtront, et l'équitation ne présentera plus que des difficultés secondaires, puisqu'elle sera la conséquence logique de ces lois.

Tous ceux qui ne voient pas dans l'emploi du cheval un simple moyen de locomotion et qui font de l'équitation un art, les vrais hommes de cheval, en un mot, trouveront donc dans notre Traité des allures un utile enseignement.

Du reste, il n'est pas un écuyer de valeur qui ne se soit occupé de l'étude des allures, qui n'ait cherché à les analyser, qui n'ait considéré comme défectueux tout système d'équitation n'ayant pas cette étude pour base.

Si les diverses théories émises sur le mécanisme des allures n'ont généralement pas été justes, c'est qu'il est difficile à l'œil, même le plus exercé, de saisir les phénomènes complexes et rapides des diverses allures d'un animal. Ce n'est que depuis l'emploi de la méthode graphique que tous les doutes à cet égard sont levés; mais il n'est plus permis aujourd'hui d'ignorer des vérités acquises.

L'emploi de la méthode graphique est dû à M. Marey, l'éminent professeur au Collège de France, qui, le premier, l'appliqua à l'étude de la locomotion animale. Nos lecteurs trouveront dans ses ouvrages spéciaux, la *Méthode graphique* et la *Machine animale*, la description détaillée de sa méthode et de ses appareils auxquels nous avons consacré un chapitre spécial dans l'ouvrage que nous publions aujourd'hui.

Ce sont les nouvelles découvertes de M. Marey qui ont permis au capitaine Raabe de compléter, sur la locomotion, les remarquables études auxquelles il a consacré sa vie. Déjà, bien avant l'emploi de la méthode graphique, le capitaine Raabe avait, avec le simple secours du Plan de Terre, expliqué le mécanisme du galop de course, qu'il affirmait être en 4 temps et non en 2 temps. Grâce à son ingénieuse théorie, dite des *Six périodes*, il avait aussi précisé le mécanisme des allures marchées; mais les tracés donnés par la méthode graphique lui ont permis de définir les *vitesses relatives des progressions simultanées de la masse et des pieds à toutes les allures sautées*, ce qui met définitivement en évidence le mécanisme de ces allures. Son œuvre est donc terminée aujourd'hui; et nous sommes heureux, nous qui avons étudié sous sa direction et participé à ses recherches, de porter à la connaissance du public l'ensemble de ses travaux.

Les hommes de cheval ne seront pas seuls à en profiter : les artistes, peintres et sculpteurs, y trouveront des renseignements utiles.

Ils pourront reproduire avec vérité, sans que la vérité nuise à l'art, ce qui se passe dans la nature.

Le baron de Curnieu a dit : « Le domaine de la peinture est ce « qu'on voit et non ce qui a lieu réellement. » Mais est-il possible d'admettre que l'on voie des attitudes qui n'existent pas? C'est pourtant en vertu de cette théorie, érigée par eux en axiome, que nombre d'artistes représentent dans leurs œuvres des attitudes qui n'ont jamais existé, qui ne peuvent pas exister.

PREMIÈRE PARTIE

ALLURES MARCHÉES

CHAPITRE PREMIER

PRINCIPES GÉNÉRAUX

N comprend sous le nom général de *locomotion du cheval,* l'ensemble des phénomènes qui se produisent à toutes les allures du cheval, que ces allures soient régulières, rompues ou défectueuses.

Le cheval se meut régulièrement de diverses manières : à l'amble, au pas, au trot, au galop.

L'amble peut être une allure naturelle, mais généralement c'est une allure factice.

A ces allures régulières viennent s'ajouter d'autres allures, que nous appellerons rompues et défectueuses, parce qu'elles rappellent les allures régulières d'une façon incomplète, qu'elles en dérivent. Nous ne nous occuperons que des allures régulières et rompues.

Les pas ci-dessus mentionnés peuvent se subdiviser eux-mêmes en divers genres de pas, suivant que chacun d'eux est ralenti, normal ou allongé.

L'amble est une allure en deux temps, caractérisée par le jeu alternatif et exclusif des deux bipèdes latéraux.

Le pas est une allure en quatre temps, avec des appuis successivement latéraux et diagonaux. L'ordre des battues est le suivant : si c'est l'antérieur gauche qui entame l'allure et marque la première battue, la deuxième battue sera faite par le postérieur droit, la troisième par l'antérieur droit, la quatrième par le postérieur gauche. Comme on le voit, la succession dans l'ordre des battues se fait en diagonale.

Le pas qui, au premier abord, paraît être la plus simple des allures, en est au contraire la plus compliquée. Depuis l'amble jusqu'au petit trot, par exemple, allures marchées extrêmes entre lesquelles sont comprises toutes les allures marchées où les enjambées sont normales, il peut varier à l'infini. Il peut être ralenti, normal, allongé, c'est-à-dire que le cheval peut, à cette allure, se déjuger, se juger, se méjuger en latéral; il peut durer plus ou moins longtemps sur une base latérale, plus ou moins longtemps sur une base diagonale, ce qui donne autant d'attitudes différentes, autant de divers genres de pas.

Avant de commencer la description du mécanisme des allures marchées, nous ferons connaître dès le début quelques règles générales qui simplifieront les études qui vont suivre.

On appelle *cheval carré,* un cheval aussi haut que long, c'est-à-dire ayant la même longueur du pied au garrot et de la pointe des épaules à la pointe des fesses.

Généralement, le cheval arabe est carré; le cheval anglais, au contraire, est plus long que haut.

Il y a deux centres de mouvements d'oscillation, servant à faire progresser l'avant-main et l'arrière-main de l'animal : le centre de mouvement des épaules, que nous désignerons par C E, qui, d'après le capitaine Raabe, est au tiers supérieur de l'épaule, et le centre de mouvement des hanches, que nous désignerons par C H, qui se trouve à la cavité cotyloïde ou articulation coxo-fémorale. Nous désignerons l'espace compris entre ces deux centres de mouvement par C E, C H, et nous l'appellerons *distance des centres de mouvement des épaules et des hanches.*

Les centres de mouvement des épaules et des hanches sont distants d'une quantité égale à la taille du cheval, moins un quart, pour un cheval carré. Si le cheval n'est pas carré, c'est-à-dire si le cheval est plus long que haut, ou plus haut que long, la distance des centres de mouvement sera déterminée par la longueur du corps, de la pointe des épaules à la pointe des fesses, qu'on diminuera d'un quart.

Pour un cheval carré de 1^{m}60, type que nous adopterons désormais, les centres de mouvement sont distants de 1^{m}20.

La taille du cheval est égale à la distance des centres de mouvement plus un tiers; ainsi un cheval ayant entre les centres de mouvement un écart de 1^{m}20 aura une taille de 1^{m}20 + 1/3 ou 0^{m}40 = 1^{m}60.

On désigne sous le nom de *pas* ou d'*enjambée*, l'écart compris entre deux appuis successifs du même pied, de talon à talon.

L'étendue de l'enjambée normale est égale à l'étendue des centres de mouvement, plus la moitié : l'enjambée du cheval de 1^{m}60 sera par conséquent égale à 1^{m}20 + 1/2 ou 0^{m}60, c'est-à-dire à 1^{m}80.

On dit qu'un cheval *se déjuge*, quand le pied postérieur tombe à l'appui en latéral en arrière de l'empreinte du pied antérieur.

Le cheval *se juge,* quand le pied postérieur tombe à l'appui en latéral sur l'empreinte de l'antérieur.

Le cheval *se méjuge,* quand le pied postérieur tombe à l'appui en latéral en avant de l'empreinte de l'antérieur.

On appelle *pas ralenti,* le pas auquel le cheval se déjuge; *pas normal,* celui où il se juge; *pas allongé,* celui où il se méjuge.

On dit que le cheval *se dépiste,* quand un de ses pieds postérieurs tombe à l'appui en arrière de l'empreinte transversale marquée par le pied antérieur qui lui est opposé en diagonale.

Il *se piste*, quand un de ses pieds postérieurs tombe à l'appui sur la même ligne que le pied antérieur qui lui est opposé en diagonale.

Il *se mépiste,* quand un de ses pieds postérieurs tombe à l'appui en avant de l'empreinte transversale marquée par le pied antérieur qui lui est opposé en diagonale.

On appelle *allure marchée,* l'allure à laquelle le cheval ne quitte pas terre des quatre pieds à la fois pendant la durée du pas.

A toutes les allures marchées, la base latérale est toujours égale à l'étendue de la base diagonale, plus la demi-enjambée ; et la base diagonale est toujours égale à l'étendue de la base latérale, moins la demi-enjambée.

A toutes les allures marchées, la somme des écarts diagonaux ou latéraux doit toujours donner une quantité égale au double de la distance des centres de mouvement, soit 2m40 pour un cheval de 1m60 de taille.

Une base latérale est toujours construite par le commencement d'appui d'un pied antérieur ; une base diagonale, par le commencement d'appui d'un pied postérieur.

On appelle *allure sautée*, l'allure à laquelle les quatre pieds du cheval sont un instant en l'air pendant l'exécution d'un pas. La période pendant laquelle les quatre pieds sont en l'air s'appelle *période de suspension.*

La suspension est simple, quand, après cette période, le cheval se juge, ce qui a lieu au trot normal, ou se piste, ce qui a lieu au galop normal.

La suspension est accompagnée de *projection*, quand, après la période de suspension, le cheval se méjuge, ce qui arrive à tous les trots plus rapides que le trot normal, ou se mépiste, ce qui a lieu à tous les galops plus rapides que le galop normal. La projection varie suivant la vitesse.

Toutes les fois qu'un pied, en tombant à l'appui, fait entendre sa *battue,* il marque un *temps*.

On appelle *tête géométrale,* la tête dont la longueur est égale aux 2/5 de la taille.

CHAPITRE II

THÉORIE DES SIX PÉRIODES

PENDULE RENVERSÉ — PENDULE

ES règles fondamentales une fois posées, nous nous occuperons immédiatement de la théorie, dite des *six périodes,* du capitaine Raabe.

La *théorie des six périodes* consiste :

1° Dans le mécanisme d'un membre pendant son évolution;

2° Dans le mécanisme simultané de deux membres congénères.

Mécanisme d'un Membre. — L'évolution d'un membre comporte, aux allures marchées, deux phases distinctes, pendant l'exécution d'un pas.

La première phase se compose de trois périodes d'appui, d'égale durée, nommées :

1° *Commencement de l'appui;* 2° *milieu de l'appui;* 3° *fin de l'appui*. Pendant ces trois périodes, le membre oscille comme *un pendule renversé,* c'est à-dire le sommet en bas.

La deuxième phase se compose de trois périodes en l'air, d'égale durée, nommées :

1° *Lever*; 2° *soutien*; 3° *poser*.

Pendant ces trois périodes, le membre oscille comme *un pendule*.

Mécanisme de deux Membres congénères. — L'oscillation du pendule et du pendule renversé se faisant par un centre de mouvement commun, par C E, par exemple, la hauteur du pendule est le double de celle du pendule renversé, d'où il résulte que l'amplitude de l'oscillation du pendule est double de celle du pendule renversé, et que le pied en l'air va une fois plus vite que la masse supportée par le pied à l'appui et cheminant sur lui.

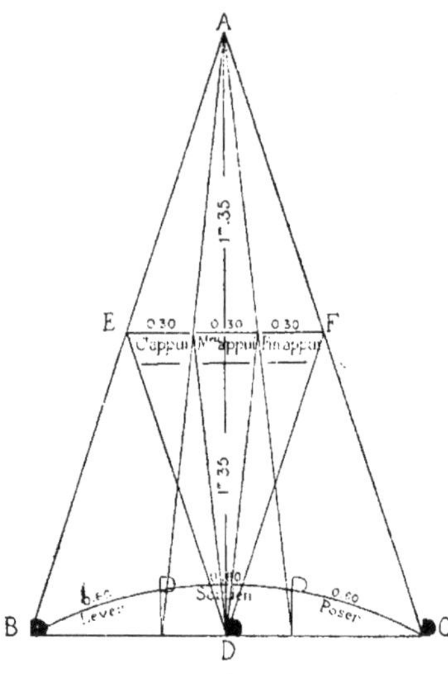

Fig. 1. — Échelle 1/10.

Pendule renversé. Pendule. — Pour rendre plus claire l'exposition précédente, nous représenterons, dans la figure 1, le pied à l'appui par un pendule renversé, le pied en l'air par un pendule.

Sur le pied à l'appui, qui se trouve au point marqué par la lettre D, nous élèverons un pendule renversé sur lequel progressera la masse pendant son oscillation. Ce pendule renversé D E F aura une hauteur de 1m35, distance comprise entre le pied à l'appui et le centre de mouvement des épaules. Son amplitude sera de 0m90, pendant l'exécution d'une enjambée de 1m80 faite par un cheval de 1m60 de taille.

Étant donné que le pied en l'air oscille comme un pendule, dont l'oscillation est double de celle du renversé, nous représenterons le pied qui va commencer son évolution en l'air, et qui se trouve en B, par le pendule A B C, dont la hauteur sera égale à deux fois $1^{m}35$ ou $2^{m}70$, et dont l'amplitude sera de $1^{m}80$.

Pendant que le pied, levant en B, ira de B en C et fera :

1° Lever, $0^{m}60$; 2° soutien, $0^{m}60$; 3° poser, $0^{m}60$; la masse, sur le pied à l'appui, se portera de E en F et fera :

1° Commencement de l'appui, $0^{m}30$; 2° milieu de l'appui, $0^{m}30$; 3° fin de l'appui, $0^{m}30$.

D'où il résulte que ces deux oscillations sont :

1° Simultanées; 2° égales en durée; 3° inégales en étendue.

On remarquera que :

1° La hauteur du pendule renversé plus 1/3 donne toujours l'étendue de l'enjambée normale. Ainsi, $1^{m}35 + 1/3$ ou $0^{m}45 = 1^{m}80$.

2° La hauteur du pendule moins 1/3 donne toujours l'étendue de l'enjambée normale. Ainsi, $2^{m}70 - 1/3$ ou $0^{m}90 = 1^{m}80$.

La combinaison des évolutions simultanées des quatre membres forme le mécanisme de l'allure.

CHAPITRE III

ALLURES MARCHÉES

Amble. — Pas. — Comment le cheval passe de l'amble au pas. — Application de la théorie des six périodes : quelques pas. — Passage de l'amble au pas dit commencement du pas.

mble. — L'amble, nous l'avons déjà dit, est une allure marchée en deux temps et en latéral. Chaque temps comprend trois périodes d'appui et trois périodes de suspension.

A l'allure de l'amble, chaque base latérale conserve un écart égal à l'étendue des centres de mouvement, c'est-à-dire qu'entre le pied antérieur et le pied postérieur de chaque bipède latéral, à terre ou en l'air, il y a toujours un écart de 1m20 pour un cheval de 1m60.

Ce même écart de 1m20 se retrouve au trot, avec cette différence qu'à l'allure du trot, l'écart est en diagonale au lieu d'être en latéral.

L'amble étant une allure exclusivement en latéral, on n'y rencontre pas de base diagonale. Il y a pourtant à cette allure ce qu'on appelle *l'écart diagonal de l'amble* ou *le dépister*. Cet écart est celui que l'on trouve entre le commencement d'appui d'un pied postérieur et le lever du pied antérieur qui lui est opposé en diagonale. Cet écart diagonal est de 0^m30 pour un cheval de 1^m60. La figure n° 2 représente un cheval à l'amble.

Remarque : Cet écart diagonal de 0^m30 étant le quart de 1^m20, distance des centres de mouvement d'un cheval de 1^m60, on peut dire qu'il suffit de connaître la distance des centres de mouvement d'un cheval, et d'en prendre le quart, pour avoir l'écart diagonal de l'amble pour tous les chevaux.

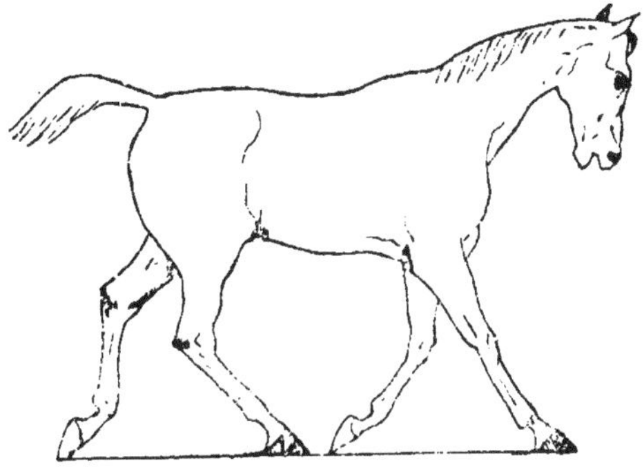

Fig. 2. — Cheval à l'Amble. Échelle 1/10.

Pas. — Comment le Cheval passe de l'Amble au Pas. — Le pas, nous l'avons dit précédemment, est une allure en quatre temps, avec des appuis successivement latéraux et diagonaux; la succession dans l'ordre des battues se fait en diagonale.

Si, de l'amble, on fait passer le cheval au pas, comment se fera ce changement d'allure?

Ainsi que nous l'avons dit dans notre Exposé des principes généraux, les bases latérales sont toujours construites par les appuis des membres antérieurs, les bases diagonales par ceux des membres postérieurs. Pour se mettre de l'amble au pas et construire une base diagonale, le cheval sera donc forcé de raccourcir d'une quantité quelconque chacune de ses enjambées postérieures une fois; car, s'il ne les raccourcissait pas, le membre antérieur et le membre postérieur du bipède latéral en l'air tomberaient en même temps à l'appui, et l'allure resterait la même. L'enjambée postérieure se raccourcissant, au contraire, le membre postérieur tombe à l'appui avant l'antérieur du même côté et construit, avec l'antérieur opposé, une base diagonale. Cette base diagonale dure jusqu'au moment où l'antérieur, qui n'a pas raccourci son enjambée, tombe à l'appui à son tour et construit une base latérale. Par conséquent, plus le cheval raccourcira son enjambée postérieure, plus la base diagonale sera longue en étendue et en durée; et quand il aura raccourci successivement chacune de ses enjambées postérieures de 0^m90, il aura passé de l'amble au petit trot, puisque $0^m90 + 0^m30$, écart diagonal de l'amble ou dépister, font bien 1^m20, écart qu'ont entre eux les bipèdes diagonaux au petit trot.

D'où nous concluons que, pour faire le mouvement inverse, c'est-à-dire pour passer du petit trot à l'amble, le cheval aura à allonger chacune de ses enjambées postérieures de 0^m90.

On voit, par ce que nous venons d'exposer, que si l'on voulait diminuer les enjambées postérieures chaque fois d'une faible quantité, on pourrait avoir entre l'amble et le petit trot un nombre de pas considérable. Si l'on raccourcissait chaque fois chacune des enjambées postérieures d'un centimètre, on aurait entre l'amble et le petit trot 90 genres de pas différents, avec des bases diagonales et latérales qui augmenteraient d'un centimètre à chaque pas. A chacun de ces pas, la base latérale durerait davantage quand le pas se rapprocherait davantage de l'amble; les bases latérales et diagonales auraient une égale durée dans le pas tenant le milieu entre l'amble et le petit trot, c'est-à-dire quand chacune des enjambées postérieures se serait raccourcie de 0^m45; la base diagonale aurait une durée plus longue, quand le pas se rapprocherait du petit trot.

Dans tous ces genres de pas, la somme des écarts latéraux ou diagonaux est toujours égale à 2^m40, soit au double de l'étendue qui sépare les centres de mouvement.

Tout raccourcissement postérieur se faisant au profit de la durée de la diagonale, nous formulerons la règle suivante :

Règle : Étant donné que la base latérale de l'amble est de 1m20, pour connaître la durée de la base diagonale à toutes les allures marchées, il suffit de déduire d'une base latérale quelconque tout ce qui excède 1m20 : cet excédent donnera toujours la durée de la base diagonale.

Nous venons d'expliquer comment le cheval, par le raccourcissement successif de ses enjambées postérieures, se met de l'amble au petit trot, en passant par différents pas; il nous reste à faire connaître l'application de la théorie des six périodes dans tous les changements d'allure compris entre l'amble et le petit trot.

Application de la Théorie des six Périodes. Quelques Pas. — Nous savons que le passage de l'amble au petit trot s'obtient par le raccourcissement successif de 0m90 des enjambées postérieures. Or, 0m90 représentant la durée de trois périodes d'appui de la masse, nous pouvons dire que ce changement d'allure s'obtient par le raccourcissement de chacune des enjambées postérieures d'une quantité correspondant à ces trois périodes.

Ce raccourcissement de trois périodes, le capitaine Raabe l'a subdivisé en six demi-périodes, auxquelles correspondent six demi-périodes de suspension, et il a donné autant de noms différents à chacun des pas déterminés par le raccourcissement successif d'une demi-période. C'est ainsi que, dans son *Cadran hippique,* dont nous nous occuperons plus loin, nous trouvons, de l'amble au petit trot inclusivement, sept allures différentes dont six changements d'allure, correspondant à un raccourcissement postérieur et successif d'une demi-période ou de 0m15.

Ces allures sont les suivantes :

1° Amble. — Allure en deux temps, en latéral.

2° Commencement du pas. — Allure en quatre temps, en latéral et en diagonale.

3° Pas Lecoq. — Allure en quatre temps, en latéral et en diagonale.

4° Pas des quatre battues également espacées ou pas Bouley. — Allure en quatre temps, en latéral et en diagonale.

5° Pas normal ou de Buffon. — Allure en quatre temps, en latéral et en diagonale.

6° Pas préparatoire au petit trot. — Allure en quatre temps, en latéral et en diagonale.

7° Petit trot. — Allure en deux temps, en diagonale.

Avant d'examiner ces différentes allures, nous ferons la remarque suivante sur l'écart diagonal de l'amble ou dépister, remarque des plus importantes pour tout ce qui concerne les allures marchées.

Remarque : A toutes les allures marchées, l'écart diagonal de 0m30, correspondant au 1/6 de l'enjambée, diminué de l'étendue de la base latérale à l'amble, et de l'étendue de la base diagonale aux autres allures marchées, indique l'étendue de la progression de la masse sur chaque base et la durée en périodes de cette progression.

EXEMPLES :

Amble. — Base latérale 1m20 — 0m30 = 0m90, progression de la masse. Durée : 3 périodes en latéral.

Commencement du pas. — Base diagonale 0m45 — 0m30 = 0m15, progression de la masse. Durée : 1/2 période en diagonale, 2 périodes 1/2 en latéral.

Pas Lecoq. — Base diagonale 0m60 — 0m30 = 0m30, progression de la masse. Durée : 1 période en diagonale, 2 périodes en latéral.

Pas des quatre battues également espacées. — Base diagonale 0m75 — 0m30 = 0m45, progression de la masse. Durée : 1 période 1/2 en diagonale, 1 période 1/2 en latéral.

Pas normal. — Base diagonale $0^{m}90 - 0^{m}30 = 0^{m}60$, progression de la masse. Durée : 2 périodes en diagonale, 1 période en latéral.

Pas préparatoire au petit trot. — Base diagonale $1^{m}05 - 0^{m}30 = 0^{m}75$, progression de la masse. Durée : 2 périodes 1/2 en diagonale, 1/2 période en latéral.

Petit trot. — Base diagonale $1^{m}20 - 0^{m}30 = 0^{m}90$, progression de la masse. Durée : 3 périodes en diagonale.

Passage de l'Amble au Pas dit Commencement du Pas. — Aucun changement d'allure ne peut s'obtenir sans le secours d'un pas intermédiaire, permettant à l'animal de disposer ses membres dans l'ordre voulu pour déterminer la nouvelle allure. C'est donc par un pas intermédiaire que passera le cheval pour se mettre de l'amble au pas dit commencement du pas.

Le pas intermédiaire présente toujours les mêmes caractères : la première moitié du pas tient plus de l'allure quittée que de l'allure nouvelle ; la seconde moitié présente tous les signes distinctifs de la nouvelle allure.

Pour faire passer le cheval de l'amble au pas dit commencement du pas, nous le placerons dans l'attitude qui lui est propre à l'amble, au moment où il tombe à l'appui sur le bipède latéral droit, instant qui correspond au lever du bipède latéral gauche. C'est ce que représente l'attitude 1 de la figure 3.

Pour que le changement d'allure s'effectue, nous savons que chacune des enjambées postérieures doit se raccourcir de $0^{m}15$. Aussi, dans l'attitude 2, au lieu de faire tomber simultanément à l'appui les deux pieds du bipède latéral gauche, raccourcirons-nous l'enjambée postérieure gauche, qui précédemment était de $1^{m}80$, de $0^{m}15$: le postérieur gauche tombera à l'appui, après avoir fait une enjambée de $1^{m}65$, construira la base diagonale droite de $0^{m}45$ d'étendue et marquera le premier temps du pas intermédiaire.

Qu'a fait la masse, prise à C E, pendant cette progression de $1^{m}65$?

Elle a parcouru sur l'appui du latéral droit une étendue égale à la moitié de celle parcourue par le bipède latéral gauche en l'air, c'est-à-dire 0m825; mais l'étendue de l'enjambée antérieure gauche ne variant pas, restant toujours de 1m80, l'oscillation du pendule renversé élevé sur l'antérieur droit n'est pas complète : elle ne sera terminée que lorsque les 0m075 qui manquent à son amplitude totale seront parcourus, et que, par suite, l'antérieur gauche aura fini son enjambée, c'est-à-dire progressé de nouveau de 0m15.

Cette nouvelle progression se fera sur la base diagonale droite, parce que, au moment où le postérieur gauche est tombé à l'appui, le postérieur droit a levé et a fait, de concert avec l'antérieur gauche, 0m15, pendant que la masse oscillait de 0m075. C'est ce que représente l'attitude 3.

A ce moment, l'antérieur gauche, tombant à l'appui, construit la base latérale gauche et marque le deuxième temps du pas intermédiaire; l'antérieur droit lève.

Le postérieur droit, qui doit faire la deuxième enjambée raccourcie de 1m65, ayant précédemment progressé de 0m15 sur l'appui de la base diagonale droite, n'aura plus, pour terminer son enjambée, que 1m50 à parcourir. Il fera cette nouvelle progression, de concert avec l'antérieur droit, sur l'appui de la base latérale gauche, pendant que la masse, sur le même appui, progressera de 0m75.

L'attitude 4 représente le cheval à la fin de cette progression, au moment où le postérieur droit, tombant à l'appui, construit la base diagonale gauche et marque le troisième temps du pas intermédiaire. Le premier demi-pas est terminé; le deuxième demi-pas commence. A partir du troisième temps, les enjambées postérieures, ayant par leur raccourcissement successif préparé le nouveau pas, reprennent leur étendue normale de 1m80.

Au moment où le postérieur droit tombe à l'appui, le postérieur gauche lève et progresse, de concert avec l'antérieur droit, de 0m30, distance que celui-ci a encore à parcourir pour terminer son enjam-

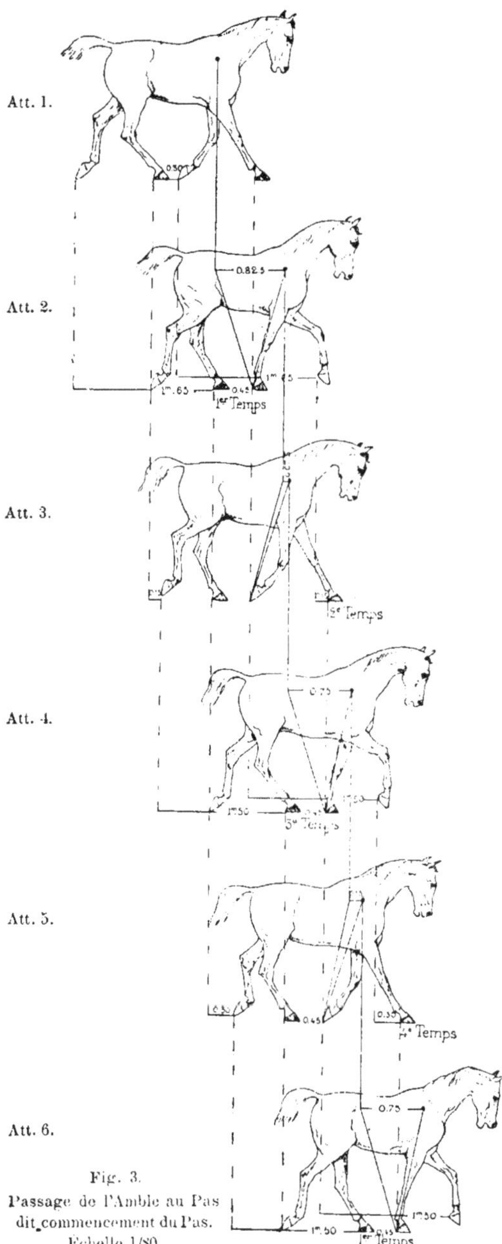

Fig. 3.
Passage de l'Amble au Pas dit commencement du Pas.
Echelle 1/80.

bée normale. La masse, dans le même temps, progresse de $0^{m}15$ sur l'appui de la base diagonale gauche, ce qui complète l'oscillation du pendule renversé élevé sur l'antérieur gauche. La durée de cette base diagonale gauche est d'une demi-période.

L'attitude 5 représente le cheval à la fin de cette progression, au moment où l'antérieur droit, tombant à l'appui, construit la base latérale droite et marque le quatrième temps du pas intermédiaire. L'antérieur gauche lève.

La base latérale droite durera jusqu'au moment où le postérieur gauche construira, par son appui, la base diagonale suivante. Or, le postérieur gauche ayant déjà progressé de 0m30 sur la base diagonale précédente et n'ayant plus que 1m50 à parcourir, pour terminer son enjambée normale de 1m80, la durée de la base latérale droite sera de deux périodes et demie, puisque pendant cette progression du pied en l'air la masse progresse de 0m75 ou de deux périodes et demie. De concert avec le postérieur gauche, l'antérieur gauche progresse de 1m50.

L'attitude 6 représente le cheval à la fin de cette progression, au moment où le postérieur gauche, tombant à l'appui, marque le premier temps du pas dit commencement du pas. Le second demi-pas est terminé. On remarquera que ce second demi-pas présente les mêmes particularités que le pas nouveau. Nous avons, en effet, attitudes 5 et 6, une base latérale de 1m35 et une base diagonale de 0m45; une avance en latéral d'une demi-période et un retard en diagonale de deux périodes et demie : ce qui est bien le propre du pas dit commencement du pas.

L'étendue du pas intermédiaire, pour la masse, est de 1m725, puisque la progression de la masse est de 0m825 dans le premier demi-pas, de 0m900 dans le second.

CHAPITRE IV

PASSAGE DE L'AMBLE AU PETIT TROT

1. — Indications qui seraient données par les Plans de Terre ; 2. — Position des Pieds pendant la Marche.

lans de Terre. — Quand on examine les plans de terre relatifs aux divers genres de pas que nous avons précédemment énumérés, c'est-à-dire les empreintes qui seraient laissées sur le sol après chacun de ces pas, et qui sont représentées par la figure 4, on remarque les phénomènes suivants :

1° L'étendue de l'enjambée n'est égale à celle de la base latérale qu'au pas normal.

2° A toutes les allures marchées, l'étendue de la base latérale, moins la demi-enjambée, est égale à l'étendue de la base diagonale (ce que nous avons déjà indiqué).

3° A toutes les allures marchées, l'étendue de la base diagonale, plus la demi-enjambée, est égale à l'étendue de la base latérale (ce que nous avons déjà indiqué).

4° Aux allures avec *méjuger,* l'étendue de celui-ci, plus celle de la base diagonale, égale la demi-enjambée.

3

5° Aux allures avec *déjuger,* l'étendue de la base diagonale, diminuée du déjuger, égale la demi-enjambée.

Position des Pieds pendant la Marche (fig. 5). — Nous savons que le cheval marchant à l'amble pose sur le sol un bipède latéral

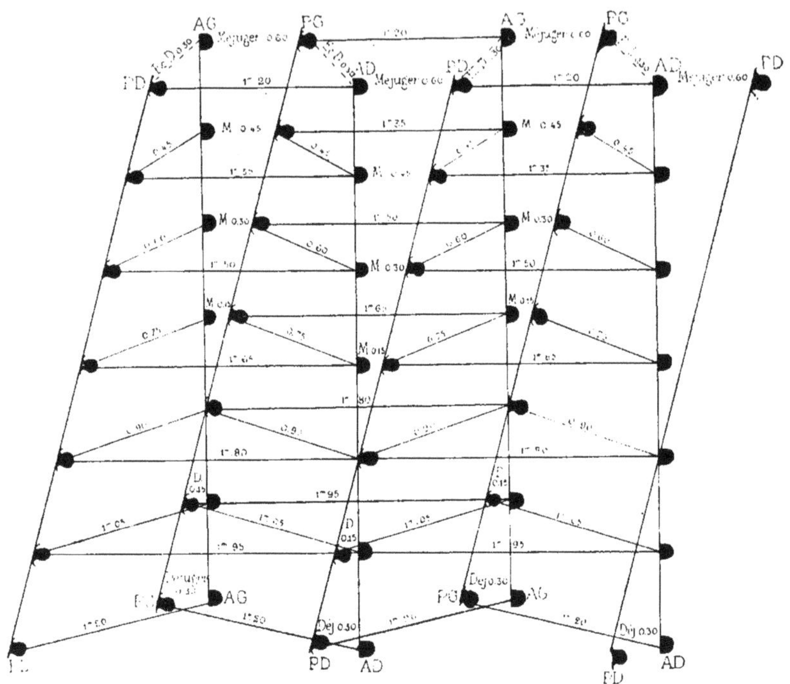

Fig. 4. — Passage de l'Amble au petit Trot. Indications qui seraient données par les Plans de Terre. Échelle 1/10.

en même temps qu'il lève l'autre. Nous savons aussi que si l'un des pieds du bipède latéral en l'air, le pied postérieur, par le raccourcissement de son enjambée, tombe à l'appui avant l'antérieur, il construit avec l'antérieur opposé une base diagonale. Cette base diagonale dure jusqu'au moment où le pied antérieur en l'air, dont l'enjambée ne s'est pas raccourcie, tombe à l'appui à

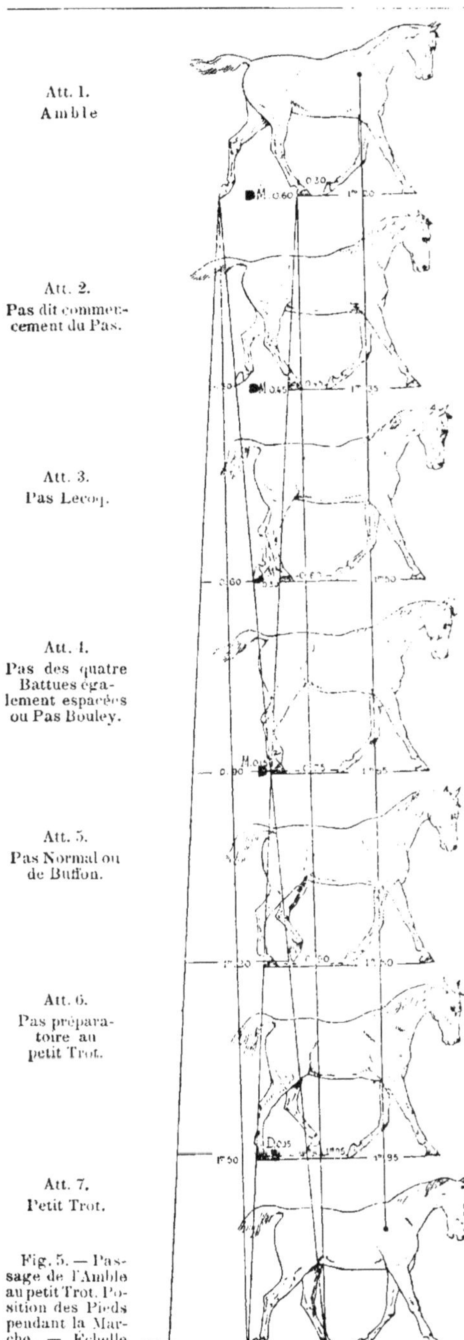

Fig. 5. — Passage de l'Amble au petit Trot. Position des Pieds pendant la Marche. — Échelle 1/80.

son tour et construit une base latérale, qui détruit la base diagonale précédente.

Tout raccourcissement postérieur se fait donc au profit de la durée de la base diagonale, et au détriment de la durée de la base latérale. Cela nous amène à tirer les conclusions suivantes :

La base latérale en s'allongeant diminue en durée, et réciproquement.

La base diagonale en s'allongeant augmente en durée, et réciproquement.

Cette règle établie, nous placerons le cheval dans l'attitude de l'amble (fig. 5, attitude 1), et nous le ferons passer de cette allure au petit trot, en raccourcissant à chaque pas les enjambées postérieures de 0m15, ou d'une demi-période de la masse. Cela nous donnera, sans compter l'amble, six pas différents, ceux que le capitaine Raabe a consignés dans son cadran hippique, et que nous avons précédemment mentionnés.

Nous représenterons dans chacun de ces pas la position des pieds du cheval pendant la marche au moment où, après le raccourcissement des deux enjambées postérieures, l'antérieur droit tombe à l'appui. Cette attitude nous permet de déterminer l'avance en latéral du membre postérieur et son retard en diagonale.

Première attitude. — Amble : Écart diagonal 0m30. Méjuger 0m60. Base latérale 1m20. Aucune avance en latéral. Retard en diagonale : trois périodes.

Deuxième attitude. — Pas dit commencement du pas : Base diagonale 0m45. Méjuger 0m45. Base latérale 1m35. Avance en latéral 0m30 ou demi-période pour le pied en l'air. Retard en diagonale 1m50 ou deux périodes et demie pour le pied en l'air.

Le pied postérieur gauche a déjà progressé de 0m30 ou d'une demi-période, parce que le pied postérieur droit, par le raccourcissement de son enjambée d'une demi-période ou de 0m15, a construit la base diagonale gauche sur laquelle la masse vient de faire une progression d'une demi-période ou de 0m15, correspondant à une progression du diagonal droit en l'air de 0m30.

Troisième attitude. — Pas Lecoq : Base diagonale 0m60. Méjuger 0m30. Base latérale 1m50. Avance en latéral 0m60 ou une période. Retard en diagonale 1m20 ou deux périodes.

Le pied postérieur gauche a progressé de 0m60 ou d'une période, à cause du raccourcissement, par rapport à l'amble, de l'enjambée du pied postérieur droit d'une période ou de 0m30.

Quatrième attitude. — Pas des quatre battues également espacées ou pas Bouley : Base diagonale 0m75. Méjuger 0m15. Base latérale 1m65. Avance en latéral 0m90 ou une période et demie. Retard en diagonale 0m90 ou une période et demie.

Le postérieur gauche a progressé de 0m90 ou d'une période e

demie, à cause du raccourcissement de l'enjambée du postérieur droit d'une période et demie ou de 0m45.

Cinquième attitude. — Pas normal ou de Buffon : Base diagonale 0m90. Le cheval se juge. Base latérale 1m80. Avance en latéral 1m20 ou deux périodes. Retard en diagonale 0m60 ou une période.

Le postérieur gauche a progressé de 1m20 ou de deux périodes, à cause du raccourcissement de l'enjambée du postérieur droit de deux périodes ou de 0m60.

Sixième attitude. — Pas préparatoire au petit trot : Base diagonale 1m05. Déjuger 0m15. Base latérale 1m95. Avance en latéral 1m50 ou deux périodes et demie. Retard en diagonale 0m30 ou demi-période.

Le postérieur gauche a progressé de 1m50 ou de deux périodes et demie, à cause du raccourcissement de l'enjambée postérieure droite de deux périodes et demie ou de 0m75.

Septième attitude. — Petit trot : Base diagonale 1m20. Déjuger 0m30. Écarts latéraux 2m10 et 0m30. Avance en latéral trois périodes. Plus de retard en diagonale.

Le postérieur gauche a progressé de 1m80 ou de trois périodes, à cause du raccourcissement de l'enjambée postérieure droite de trois périodes ou de 0m90.

Remarque : Les avances sont toujours en latéral ; les retards sont toujours en diagonale.

Les avances en latéral correspondent à la durée de la base diagonale ; les retards en diagonale, à la durée de la base latérale.

CHAPITRE V

PASSAGE DU PETIT TROT A L'AMBLE

1. — Passage du petit Trot au Pas préparatoire au petit Trot; 2. — Passage du petit Trot à l'Amble. — Modifications dans l'étendue des enjambées.

assage du petit Trot au Pas préparatoire au petit Trot. — Ainsi que nous l'avons dit précédemment, le cheval, pour passer du petit trot à l'amble, devra faire le contraire de ce qu'il a fait pour passer de l'amble au petit trot : dans le passage de l'amble au petit trot, il raccourcissait, à chaque genre de pas, chacune de ses enjambées postérieures de $0^{m}15$; dans le passage du petit trot à l'amble, il les allongera chacune de $0^{m}15$.

Pour bien expliquer les phénomènes qui se produisent dans le passage d'un pas à un autre pendant cet allongement des enjambées postérieures, nous représenterons (fig. 6) les diverses attitudes par lesquelles passe le cheval dans le passage du petit trot à l'un de ces pas, le pas préparatoire au petit trot, par exemple.

Dans la première attitude, le cheval sera représenté au petit trot, au moment où, tombant à l'appui sur la base diagonale droite, il lève le diagonal gauche. On remarquera que le cheval se déjuge de $0^{m}30$.

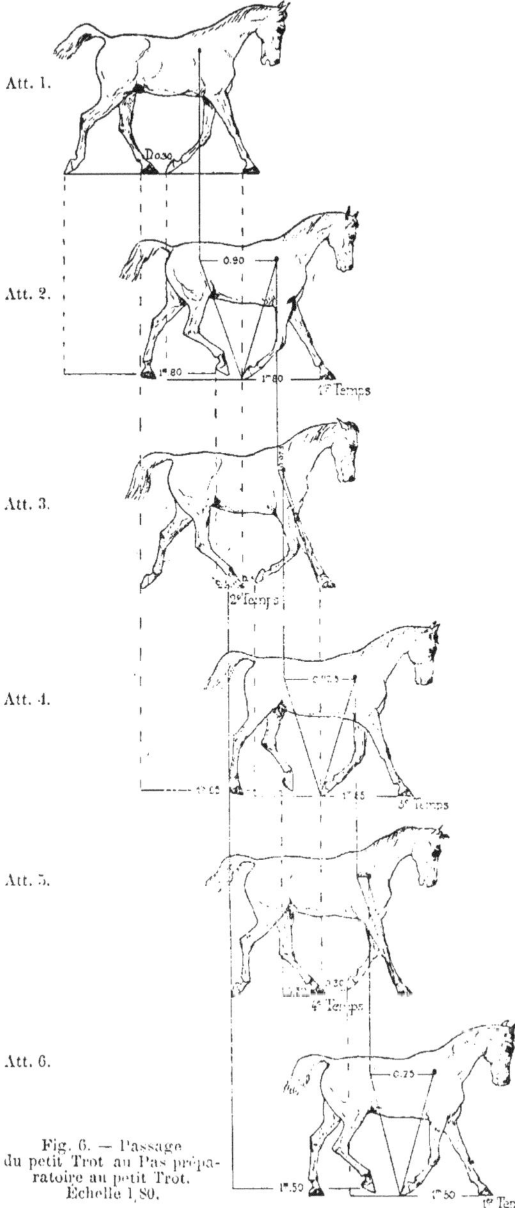

Fig. 6. — Passage du petit Trot au Pas préparatoire au petit Trot. Échelle 1/80.

A cette allure de trot que le cheval va quitter, chacune de ses enjambées était de $1^{m}80$, son grand écart latéral de $2^{m}10$.

Pour passer du petit trot au pas préparatoire au petit trot, il aura à allonger une fois de $0^{m}15$ chacune de ses enjambées postérieures, de telle sorte que la base latérale soit de $1^{m}95$. La première base latérale sera construite par le pied antérieur gauche, puisque l'enjambée de celui-ci ne varie pas, et que, par suite, il doit tomber avant le postérieur droit. En aucun cas, du reste, on ne peut obtenir cette base latérale par le raccourcissement de l'enjambée postérieure : les pieds postérieurs, nous l'avons déjà dit, ne construisent que des bases diagonales.

Lorsque le diagonal gauche aura parcouru 1^m80, l'antérieur gauche tombera donc à l'appui, construira la base latérale gauche et marquera le premier temps du pas intermédiaire entre le petit trot et le pas préparatoire au petit trot. La masse, pendant cette progression, aura parcouru, entre le dernier temps du pas précédent et le premier temps du pas nouveau, 0^m90 sur l'appui de la base diagonale droite. Au moment où l'antérieur gauche tombe à l'appui, l'antérieur droit lève. C'est ce que représente l'attitude 2.

Sur l'appui de la base latérale qui vient d'être construite, la masse continuera sa progression : elle sera de 0^m075 pendant que la progression du latéral droit en l'air sera de 0^m15, puisque le postérieur droit, qui vient de faire 1^m80, a encore 0^m15 à parcourir pour terminer sa nouvelle enjambée augmentée de 0^m15. C'est ce que représente l'attitude 3. Le postérieur droit, tombant à l'appui, marquera le deuxième temps du pas intermédiaire et construira la base diagonale gauche. Le lever du postérieur gauche coïncidera avec le commencement de l'appui du postérieur droit. On remarquera que le cheval ne se déjuge plus que de 0^m15.

Sur l'appui de la base diagonale gauche, la masse progressera de 0^m825, parce que l'antérieur droit, qui construira la base latérale suivante, a déjà progressé de 0^m15 et a encore 1^m65 à parcourir pour parfaire son enjambée de 1^m80. De concert avec lui, le postérieur gauche progressera de 1^m65. L'attitude 4 représente le cheval à la fin de cette progression, au moment où l'antérieur droit, tombant à l'appui, construit la base latérale droite et marque le troisième temps du pas intermédiaire. Le premier demi-pas est terminé ; le deuxième demi-pas commence.

Sur l'appui de la base latérale droite, la masse progressera de

0^m15, puisque le postérieur gauche, qui marquera en tombant à l'appui le quatrième temps, n'a plus que 0^m30 à parcourir pour compléter son enjambée de 1^m95. De concert avec lui, l'antérieur gauche progressera de 0^m30.

L'attitude 5 représente le cheval à la fin de cette progression, au moment où le postérieur gauche, tombant à l'appui, construit la basè diagonale droite et marque le quatrième temps du pas intermédiaire.

Sur cette base diagonale droite, la masse progressera de 0^m75, parce que l'antérieur gauche, qui la détruira, a déjà parcouru 0^m30 sur l'appui de la base latérale droite et n'a plus que 1^m50 à parcourir pour terminer son enjambée normale. De concert avec lui, le postérieur droit progressera de 1^m50.

L'attitude 6 représente le cheval à la fin de cette progression, au moment où l'antérieur gauche, tombant à l'appui, marque le premier temps du pas préparatoire au petit trot. Le second demi-pas est terminé ; le pas préparatoire au petit trot est nettement établi par l'allongement successif de 0^m15 des deux enjambées postérieures. En effet, nous constatons, dans les deux dernières attitudes, une base diagonale de 1^m05 ; une base latérale de 1^m95 ; un déjuger de 0^m15 ; une avance en latéral de deux périodes et demie ; un retard en diagonale d'une demi-période : ce qui est bien la caractéristique du pas préparatoire au petit trot. Si le cheval restait à ce genre de pas, toutes les enjambées seraient désormais de 1^m80, et la masse progresserait, dans un pas complet de ce pas, de deux périodes et demie sur chaque base diagonale, d'une demi-période sur chaque latérale.

On remarquera que dans la seconde partie du pas intermédiaire, c'est-à-dire à partir du troisième temps, se produisent les mêmes phénomènes que dans le pas préparatoire au petit trot. En effet, la durée de la base latérale droite, comprise entre le troisième et le quatrième temps, est d'une demi-période ou de 0^m15, celle de la base diagonale droite, comprise entre le quatrième temps du pas intermédiaire et le premier temps du pas nouveau, de deux périodes et demie ou de $0^{m}75$.

Passage du petit Trot à l'Amble. Position des Pieds pendant la Marche. — Nous avons fait connaître les phénomènes qui se produisent dans le passage d'une allure à une autre; nous ferons maintenant passer le cheval du petit trot à l'amble, en allongeant successivement, à chaque genre de pas, l'enjambée postérieure d'une demi-période ou de $0^{m}15$. Nous représenterons dans chacun de ces pas (fig. 7), la position des pieds du cheval pendant la marche, au moment où, l'allongement des deux enjambées postérieures étant censé effectué, l'antérieur droit tombe à l'appui. Cet appui coïncide avec le lever de l'antérieur gauche, ce qui nous permet de déterminer, d'une façon claire, le retard en diagonale du mécanisme postérieur, par rapport à l'antérieur droit, et son avance en latéral, par rapport à l'antérieur gauche.

Attitude 1. — Petit trot : Écarts latéraux : droit $2^{m}10$, gauche $0^{m}30$; base diagonale droite, $1^{m}20$; déjuger, $0^{m}30$. Aucun retard en diagonale; avance en latéral, trois périodes.

Attitude 2. — Pas préparatoire au petit trot : Base latérale, $1^{m}95$; base diagonale, $1^{m}05$; déjuger, $0^{m}15$. Retard en diagonale, une demi-période; avance en latéral, deux périodes et demie.

Le postérieur gauche a progressé de $1^{m}50$ ou de deux périodes et demie, parce que l'allongement d'une demi-période ou de $0^{m}15$ des enjambées postérieures a provoqué un retard en diagonale d'une demi-période, qui permet à la base latérale droite de durer une demi-période.

Attitude 3. — Pas normal ou de Buffon : Base latérale, $1^{m}80$; base diagonale, $0^{m}90$. Le cheval se juge. Retard en diagonale, une période; avance en latéral, deux périodes.

Le postérieur gauche en l'air a progressé de deux périodes ou de

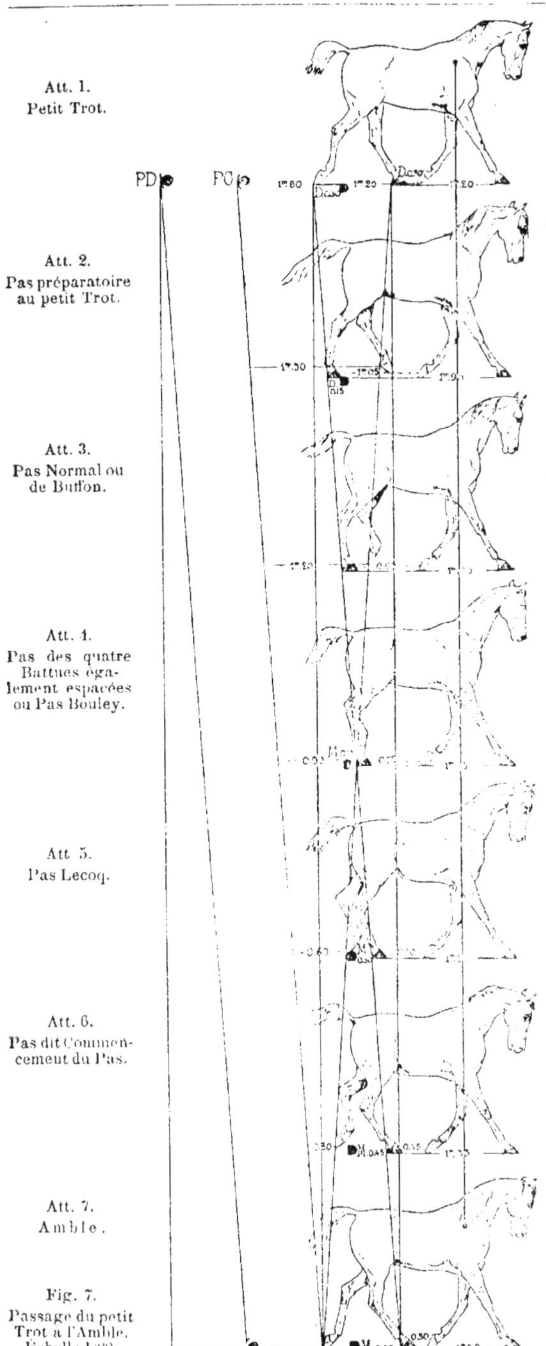

Fig. 7.
Passage du petit Trot à l'Amble.
Échelle 1/80.

1m20, parce que l'allongement, par rapport au petit trot, d'une période ou de 0m30 des enjambées postérieures a provoqué un retard en diagonale d'une période, qui permet à la base latérale droite de durer une période.

Attitude 4. — Pas des quatre battues également espacées, ou pas Bouley : Base latérale, 1m65 ; base diagonale, 0m75 ; méjuger, 0m15. Retard en diagonale, une période et demie ; avance en latéral, une période et demie.

Attitude 5. — Pas Lecoq : Base latérale, 1m50 ; base diagonale, 0m60 ; méjuger, 0m30. Retard en diagonale, deux périodes; avance en latéral, une période.

Attitude 6. — Pas dit commencement du pas : Base latérale, 1m35; base diagonale, 0m45; méjuger, 0m45. Retard en diagonale, deux périodes et demie; avance en latéral, une demi-période.

Attitude 7. — Amble : Bases latérales, 1m20; écart diagonal, 0m30; méjuger, 0m60. Retard en diagonale, trois périodes; point d'avance en latéral.

Modifications dans l'Étendue des Enjambées. — Nous voyons par ce qui précède que :

1° L'étendue de l'enjambée des membres postérieurs est la même que celle des membres antérieurs à toutes les allures ;

2° L'étendue des enjambées postérieures ne se modifie, pendant l'exécution d'un pas, que pour les changements d'allure;

3° Les enjambées postérieures se raccourcissent plusieurs fois pour passer de l'amble au petit trot; elles s'allongent plusieurs fois pour passer du petit trot à l'amble;

4° Dès que le changement d'allure est effectué, les enjambées des membres postérieurs reprennent la même étendue que celles des membres antérieurs.

Le cheval peut passer immédiatement de l'amble au petit trot, en raccourcissant une fois chacune de ses enjambées postérieures de 0m90.

Il ne pourra pas passer d'emblée du petit trot à l'amble, parce que ce changement d'allure, fait en une seule fois, déterminerait, entre les deux pieds postérieurs, au moment de leur échange d'appui, un écart de 1m80, ce qui est impossible.

CHAPITRE VI

ALLURES MARCHÉES

Étendue et durée des Bases de sustentation construites par les appuis des pieds aux sept allures marchées. — Espacement des battues : durée des Temps et des Bases aux sept allures marchées. — Relation entre le mécanisme des membres antérieurs et postérieurs au Pas normal. — Étant donnée une base quelconque d'un Pas déterminé où les enjambées sont normales, manière de déterminer la position des deux autres pieds en l'air au moyen des avances en latéral et des retards en diagonale. — Étant donnée une base quelconque de n'importe quel Pas, manière de déterminer la position des deux autres pieds en l'air au moyen des pendules renversés et des pendules.

tendue et Durée des Bases de Sustentation construites par les Appuis des Pieds aux sept Allures marchées. — Le tableau n° 1 indique :

1° L'étendue et la durée des bases diagonales et latérales ;

2° Que la durée des bases diagonales est égale à l'avance en latéral du mécanisme postérieur ;

3° Que la durée des bases latérales est égale au retard en diagonale du mécanisme postérieur.

Espacement des Battues. Durée des Temps et des Bases aux sept Allures marchées. — Le tableau n° 2 indique que : 1° L'espacement entre la battue d'un membre antérieur et celle d'un membre postérieur, en diagonale, correspond à la durée de la base latérale;

TABLEAU N° 1.

TAILLE $1^{m}60$	ÉTENDUE ET DURÉE DES BASES DE SUSTENTATION CONSTRUITES PAR LES APPUIS DES PIEDS AUX SEPT ALLURES MARCHÉES				MÉCANISME POSTÉRIEUR comparé au MÉCANISME ANTÉRIEUR	
ALLURES MARCHÉES	POSTÉRIEURS BASES DIAGONALES		ANTÉRIEURS BASES LATÉRALES		Retard du Mécanisme postér. en diagonale	Avance du Mécanisme postér. en latéral
	ÉTENDUE	DURÉE	ÉTENDUE	DURÉE		
A en 2 temps	$0^{m}00$	0 périodes	$1^{m}20$	3 périodes	3 périodes	0 périodes
B en 4 temps	$0^{m}15$	1/2 —	$1^{m}35$	2 & 1/2 —	2 & 1/2 —	1/2 —
C —	$0^{m}30$	1 —	$1^{m}50$	2 —	2 —	1 —
D —	$0^{m}75$	1 & 1/2 —	$1^{m}65$	1 & 1/2 —	1 & 1/2 —	1 & 1/2 —
E —	$0^{m}90$	2 —	$1^{m}80$	1 —	1 —	2 —
F —	$1^{m}05$	2 & 1/2 —	$1^{m}95$	1/2 —	1/2 —	2 & 1/2 —
G en 2 temps	$1^{m}20$	3 —	$0^{m}00$	0 —	0 —	3 —

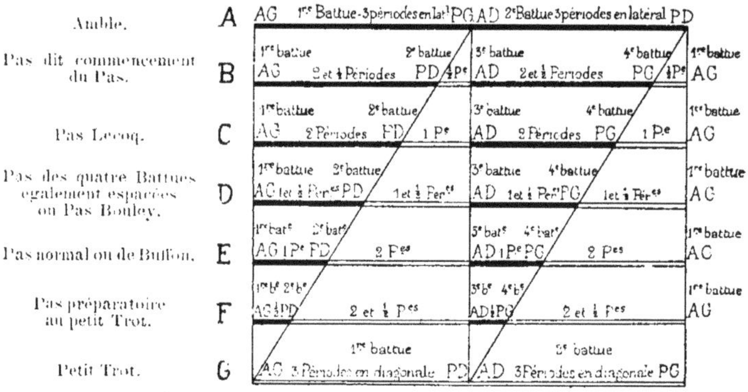

Amble. A
AG 1re Battue - 3 périodes en latl PG AD 2e Battue 3 périodes en latéral PD

Pas dit commencement du Pas. B
1re battue 2e battue 3e battue 4e battue 1re battue
AG 2 et ½ Périodes PD ½ Pe AD 2 et ½ Periodes PG ½ Pe AG

Pas Lecoq. C
1re battue 2e battue 3e battue 4e battue 1re battue
AG 2 Périodes PD 1 Pe AD 2 Périodes PG 1 Pe AG

Pas des quatre Battues également espacées ou Pas Bouley. D
1re battue 2e battue 3e battue 4e battue 1re battue
AG 1 et ½ Peres PD 1 et ½ Peres AD 1 et ½ Peres PG 1 et ½ Peres AG

Pas normal ou de Buffon. E
1re bate 2e bate 3e bate 4e bate 1re battue
AG 1 Pe PD 2 Pes AD 1 Pe PG 2 Pes AG

Pas préparatoire au petit Trot. F
1re be 2e be 3e be 4e be 1re battue
AG ½ PD 2 et ½ Pes AD ½ PG 2 et ½ Pes AG

Petit Trot. G
1re battue 2e battue
AG 3 Périodes en diagonale PD AD 3 Périodes en diagonale PG

TABLEAU N° 2. — Espacement des Battues. — Durée des Temps et des Bases aux sept Allures marchées.
Les Bases latérales sont noires; les Bases diagonales sont blanches.

2° L'espacement entre la battue d'un membre postérieur et celle d'un membre antérieur, en latéral, correspond à la durée de la base diagonale.

On remarquera que : à l'amble A, allure en deux temps, les battues sont latérales et isochrones; au petit trot G, allure en deux temps, elles sont diagonales et isochrones; dans les pas B et C, les battues sont moins précipitées en diagonale qu'en latéral, car ces deux genres de pas tiennent davantage de l'amble que du petit trot, ce qui donne aux bases latérales une durée plus grande qu'aux bases diagonales; dans le pas D, les battues sont également espacées en latéral et en diagonale, car ce pas tient autant de l'amble que du petit trot; enfin, dans les pas E et F, les battues sont plus précipitées en diagonale, car ces pas tiennent davantage du petit trot que de l'amble, ce qui donne aux bases diagonales une durée plus longue qu'aux bases latérales.

Relation entre le Mécanisme des Membres antérieurs et postérieurs. Pas normal. — Nous savons qu'au pas normal le mécanisme de l'arrière-main, comparé à celui de l'avant-main, présente les phénomènes suivants :

1° En latéral, une avance de deux périodes sur l'avant-main ;

2° En diagonale, un retard d'une période sur l'avant-main.

La figure 8 représente un pas complet de pas normal qui commence au moment où l'antérieur droit, tombant à l'appui, construit la base latérale droite. C'est le moment où l'antérieur gauche est au lever. Dans cette attitude, l'avance en latéral et le retard en diagonale sont clairement indiqués.

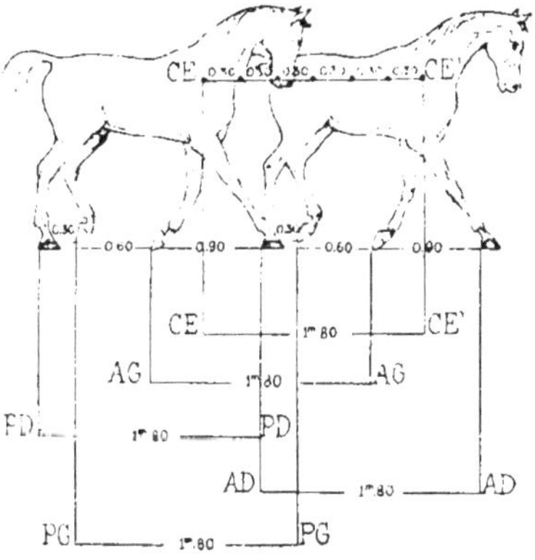

Fig. 8. — Relation entre le mécanisme des Membres antérieurs et postérieurs au Pas normal. Échelle 1/80.

La combinaison des quatre évolutions simultanées présentera, pour l'évolution de chaque membre, pendant l'exécution du pas complet, les phases suivantes :

ANTÉRIEUR DROIT	POSTÉRIEUR GAUCHE	ANTÉRIEUR GAUCHE	POSTÉRIEUR DROIT
Comt de l'appui.	Poser.	Lever.	Fin de l'appui.
Milieu de l'appui.	Comt de l'appui.	Soutien.	Lever.
Fin de l'appui.	Milieu de l'appui.	Poser.	Soutien.
Lever.	Fin de l'appui.	Comt de l'appui.	Poser.
Soutien.	Lever.	Milieu de l'appui.	Comt de l'appui.
Poser.	Soutien.	Fin de l'appui.	Milieu de l'appui.

Si nous mettions, au même genre de pas, le cheval sur la base latérale gauche, au moment où l'antérieur gauche tombe à l'appui, l'évolution de chaque membre présenterait les phases suivantes :

ANTÉRIEUR GAUCHE	POSTÉRIEUR DROIT	ANTÉRIEUR DROIT	POSTÉRIEUR GAUCHE
Comt de l'appui.	Poser.	Lever.	Fin de l'appui.
Milieu de l'appui.	Comt de l'appui.	Soutien.	Lever.
Fin de l'appui.	Milieu de l'appui.	Poser.	Soutien.
Lever.	Fin de l'appui.	Comt de l'appui.	Poser.
Soutien.	Lever.	Milieu de l'appui.	Comt de l'appui.
Poser.	Soutien.	Fin de l'appui.	Milieu de l'appui.

Étant donnée une Base quelconque d'un Pas déterminé où les enjambées sont normales, Manière de déterminer la Position des deux autres Pieds en l'air au moyen des Avances en latéral et des Retards en diagonale. — Étant donnée une base quelconque, soit diagonale, soit latérale, d'un pas déterminé, la position des deux autres pieds en l'air se détermine de la manière suivante :

Prenons comme exemple le pas préparatoire au petit trot. A ce genre de pas, le mécanisme postérieur, comparé au mécanisme antérieur, est :

En avance, en latéral, de deux périodes et demie ; en retard, en diagonale, d'une demi-période.

1° Base diagonale (fig. 9). — Étant donnée la base diagonale gauche qui, à ce genre de pas, est de 1^m05, au moment où le postérieur droit commence l'appui :

1° Tracer les pendules renversés des pieds antérieur gauche et postérieur droit;

2° Placer le diagonal droit en l'air;

3° Marquer les empreintes des pieds sur le sol.

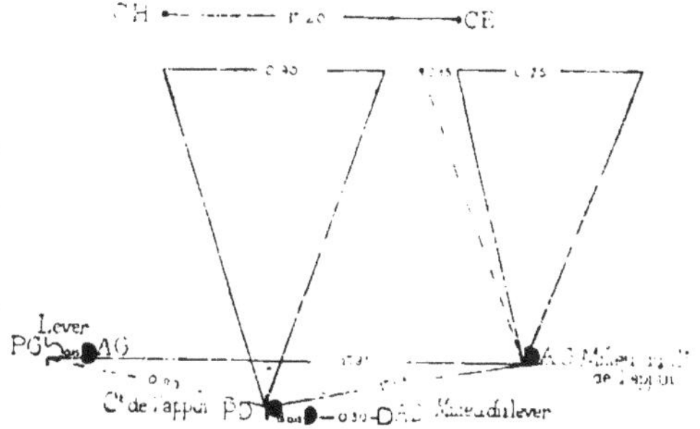

Fig. 9. — Pas préparatoire au petit Trot, instant où se construit la Base diagonale gauche. Echelle 1/40.

Au pas choisi, le déjuger étant de 0^m15, et le postérieur droit ayant sur l'antérieur droit une avance en latéral de deux périodes et demie, l'antérieur droit en l'air, au moment où le postérieur droit tombe à l'appui, sera distant de celui-ci d'une demi-période ou de $0^m30 + 0^m15$ déjuger $= 0^m45$. Cette progression de l'antérieur droit vient d'être faite sur l'appui de la base latérale gauche qui a précédé la base diagonale actuelle ; par suite, C E, sur l'appui de la même base, aura progressé d'une demi-période ou de 0^m15, et n'aura plus que 0^m75 à parcourir sur l'appui de l'antérieur gauche, pendant la durée de la base diagonale. Le pendule renversé qu'on élèvera sur l'antérieur gauche, au moment où la base diagonale se construit, n'aura donc qu'une amplitude de 0^m75. Le pendule renversé qu'on élèvera sur le postérieur droit sera de 0^m90, puisque celui-ci est au commencement de l'appui. Le postérieur gauche, au lever, sera à 0^m90 en arrière de son congénère.

Les empreintes sur le sol doivent donner une base diagonale gauche de 1m05, une base latérale de 1m95, un déjuger de 0m15.

La figure 9 représente toutes les particularités que nous venons de signaler.

2° Base latérale (fig. 10). — Étant donnée la base latérale droite qui, à ce genre de pas, est de 1m95, au moment où l'antérieur droit commence l'appui :

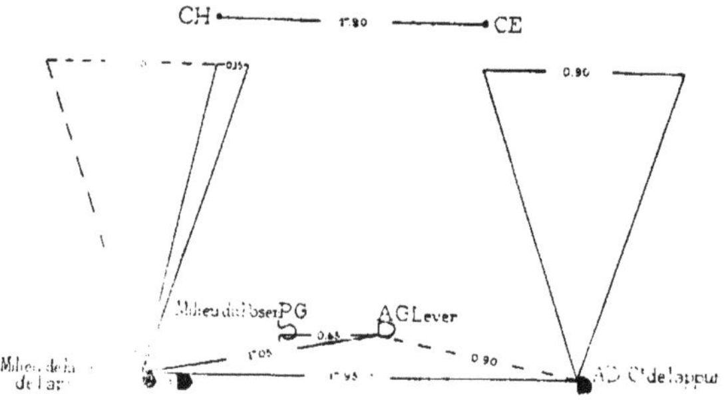

Fig. 10. — Pas préparatoire au petit Trot, instant où se construit la Base latérale droite. Échelle 1/40.

1° Tracer les pendules renversés des pieds postérieur et antérieur droits;

2° Placer le latéral gauche en l'air;

3° Marquer les empreintes des pieds sur le sol.

Le retard en diagonale étant d'une demi-période ou de 0m15 et étant égal à la durée de la base latérale, celle-ci ne durera qu'une demi-période ou 0m15. Le postérieur gauche en l'air n'aura donc plus qu'une demi-période ou 0m30 à parcourir, avant de construire la base diagonale droite; mais, à cause du déjuger de 0m15, qui caractérise le genre de pas choisi, il se trouvera, au moment ou se construit la base latérale droite, à une distance de l'antérieur gauche, au lever, d'une demi-période ou 0m30 + 0m15 déjuger = 0m45. Par suite, la masse n'avancera que de 0m15 sur l'appui de la base latérale droite, et le pendule renversé, élevé sur le postérieur droit, aura une amplitude de 0m15. Quant à l'amplitude du pendule renversé élevé sur l'antérieur droit, elle sera de 0m90, puisque celui-ci est au commencement de l'appui. L'antérieur gauche, au lever, sera à 0m90 en arrière de son congénère.

Les empreintes sur le sol doivent donner une base latérale droite de 1m95, une base diagonale de 1m05, un déjuger de 0m15.

La figure 10 représente toutes les particularités que nous venons de signaler.

On remarquera que, dans les figures 9 et 10, la somme des écarts latéraux ou diagonaux est égale à 2m40, soit au double de l'écart des centres de mouvement.

Étant donnée une Base quelconque de n'importe quel Pas, manière de déterminer la Position des deux autres Pieds en l'air au moyen des Pendules renversés et des Pendules. — A toutes les allures marchées, la manière la plus simple, étant donnée une base quelconque, de déterminer la position des deux autres pieds en l'air, consiste à élever, suivant le cas, sur chaque pied à l'appui, une ligne oblique ou verticale, rejoignant *postérieurement* le centre de mouvement des hanches, *antérieurement* le centre de mouvement des épaules.

Quand la ligne sera oblique, une verticale, qu'on élèvera sur chaque pied à l'appui, formera, avec l'oblique rejoignant un centre de mouvement, une fraction de pendule renversé incliné en avant ou en arrière. Si, prolongeant la verticale jusqu'à une hauteur double de celle du pendule renversé, on abaisse de l'extrémité supérieure de cette verticale une nouvelle oblique passant par chaque centre de mouvement, on déterminera une fraction de pendule qui donnera la position du pied du membre congénère en l'air.

Toutes les fois que l'oblique, reliant un pied à l'appui à un des centres de mouvement, sera inclinée en avant, le pied en l'air sera nécessairement en avant de son congénère; il sera en arrière, quand l'oblique sera inclinée en arrière.

Quand un pied à l'appui sera relié à un des centres de mouvement par une verticale, le pied en l'air sera sur la même ligne que le pied à l'appui, attendu que le pied à l'appui étant au milieu du *Milieu de l'appui,* le pied en l'air doit être au milieu du *Soutien* et avoir parcouru une distance égale à la demi-enjambée.

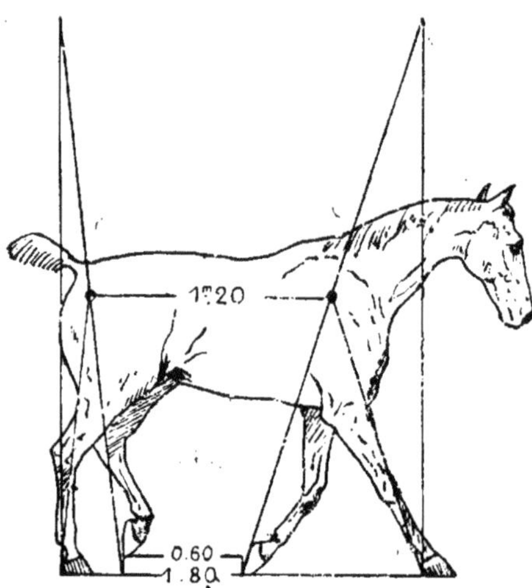

Fig. 11. — Étant donnée une Base quelconque, manière de déterminer la Position des deux autres Pieds en l'air au moyen des Pendules renversés et des Pendules. — Échelle 1/10.

Pour démontrer ce qui précède, nous choisirons (fig. 11) la base latérale droite du pas normal, au moment où l'antérieur droit commence l'appui. Le centre de mouvement des épaules de notre cheval-type, de 1m60, est facile à déterminer : il se trouve en arrière de l'antérieur droit de 0m45 et est distant de 1m20 du centre de mouvement des hanches. Sur l'appui de l'antérieur droit, nous tirerons donc une oblique allant rejoindre le centre de mouvement des épaules, ainsi qu'une verticale de 2m70, c'est-à-dire égale au double de la hauteur du pendule renversé. De l'extrémité supérieure de cette verticale, nous abaisserons une nouvelle oblique passant par le centre de mouvement des épaules. Cette oblique nous donnera la position du pied antérieur gauche en l'air : il sera, au lever, à 0m90 en arrière de l'antérieur droit. De même, le tracé des pendules postérieurs nous donnera la position du pied postérieur gauche en l'air : il sera à 0m60 en arrière de l'antérieur gauche. La position des pieds en l'air est exactement déterminée par la construction des pendules renversés et des pendules. En effet, ces divers pendules nous donnent le retard en diagonale d'une période et l'avance en latéral de deux périodes du mécanisme postérieur, qui caractérisent le pas normal.

Le tracé des pendules confirme donc nos observations précédentes; il en est le corollaire.

CHAPITRE VII

PAS NORMAL — PAS DE DÉPART

ous ne nous sommes occupé jusqu'ici que du pas de marche, mais nous n'avons rien dit encore du pas de départ, ni indiqué les différences qui existent entre ces deux pas.

On appelle *pas de départ*, le pas que le cheval détermine, lorsque, quittant la position de station régulière, il marque, par le commencement d'appui d'un pied antérieur, un genre de pas quelconque.

Le pas de départ diffère du pas de marche par l'étendue des trois premières enjambées et par la durée de la première base latérale. Celle-ci ayant une durée moindre au pas de départ qu'au pas de marche, diminue le retard en diagonale du membre postérieur qui marque le deuxième temps du pas de départ. Aussitôt ce deuxième temps marqué, et, par suite, les bases latérales et diagonales du pas choisi déterminées, on constate que la durée des bases est la même qu'au pas normal de marche.

Nous allons en donner un exemple en faisant passer le cheval de la position de station régulière au pas normal de départ. L'antérieur droit entamera l'allure.

La figure 12 reproduit les phénomènes qui se passent dans ce pas de départ.

Un pas quelconque étant déterminé par le commencement

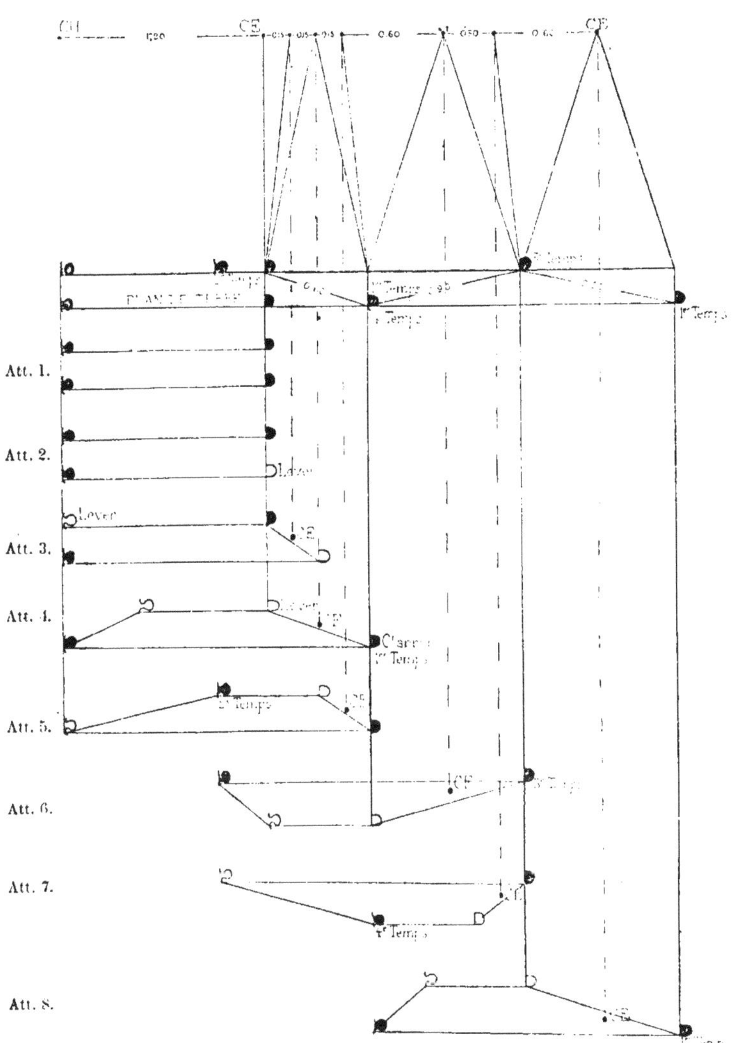

Fig. 12. — Pas Normal. — **Pas de départ.** — Échelle 1/10.

d'appui d'un pied antérieur, et un antérieur ne construisant que des bases latérales, on peut en induire qu'à toutes les allures marchées, c'est l'étendue de la première base latérale qui détermine un genre de pas de marche quelconque.

Par conséquent, l'étendue de la base de sustentation régulière étant de 1m20, pour un cheval de 1m60 de taille, et l'étendue de la base latérale du pas normal étant de 1m80, il faudra, pour que ce pas soit déterminé, que l'antérieur droit, qui entame l'allure, se porte à 0m60 en avant de la base de sustentation régulière.

Cela posé, nous allons examiner les phénomènes qui se produisent depuis la position de station régulière, jusqu'au moment où l'antérieur droit marque le premier temps du pas de marche.

Il est facile de vérifier que, lorsqu'un cheval passe de la station régulière à une allure marchée quelconque, l'allure est toujours entamée par un pied antérieur.

Au moment du lever de cet antérieur, la base, de quadrupédale qu'elle était, devient tripédale antérieure; la masse, sur cette nouvelle base, parcourt pendant la progression de l'antérieur en l'air une étendue déterminée. A un moment précis de la progression antérieure, le pied postérieur, en diagonale, lève à son tour; la base de tripédale devient diagonale, et la progression de la masse, sur cette dernière base, dure jusqu'au moment où l'antérieur, qui a entamé l'allure, construit, en tombant à l'appui, la première base latérale dont l'étendue détermine le genre de pas choisi.

Si donc nous voulons faire passer le cheval de la position de station régulière au pas normal à droite, nous verrons qu'en quittant cette position le cheval, par le lever de l'antérieur droit, change la base quadrupédale, représentée par l'attitude 1, en base tripédale antérieure gauche, attitude 2. Cette nouvelle base dure une demi-période, parce que la masse prise à CE, pour ne nous occuper que de la progression antérieure, parcourt 0m15, pendant que l'antérieur droit en l'air progresse de 0m30.

Cette progression finie, le postérieur gauche lève; la base devient diagonale gauche, attitude 3. Sur cette base, l'antérieur droit parcourt de nouveau 0m30, tombe à l'appui, construit la base latérale droite et marque le premier temps du pas de départ, attitude 4. Pendant cette deuxième progression antérieure droite de 0m30, le postérieur gauche a parcouru dans le même temps 0m45; mais, la vitesse de la masse étant subordonnée à la vitesse du pied antérieur, la masse, pendant la progression du diagonal droit en l'air, n'a progressé que de 0m15 sur l'appui de la base diagonale gauche qui, par suite, ne dure qu'une demi-période.

Nous élèverons donc sur le pied antérieur gauche deux fractions de pendule renversé, ayant chacune une amplitude de 0m15, correspondant à chaque progression de 0m15 de la masse sur les bases tripédale antérieure gauche et diagonale gauche.

Pendant la progression que vient de faire la masse sur la base diagonale gauche, les deux pieds du diagonal droit, en l'air, ont été animés d'une vitesse différente. Il faut, en effet, que le postérieur gauche, au moment où la base latérale droite, de 1m80, du pas normal, est construite, et le genre de pas marqué, puisse marcher dans la progression qui se fera sur cette base, avec une vitesse telle qu'il vienne tomber à l'appui à 0m60 de l'antérieur gauche en l'air, dès que celui-ci aura progressé de 0m30. De la sorte, la base diagonale droite dure deux périodes pendant que l'antérieur gauche parcourt de nouveau 1m20, pour terminer son enjambée de 1m50 et tomber à l'appui à 0m90 en avant de l'antérieur droit.

Donc, dès que la base latérale droite est construite, le pied antérieur gauche lève et progresse de 0m30, pendant que le postérieur gauche, après avoir progressé de nouveau de 0m45, tombe à l'appui, construit la base diagonale droite normale de 0m90 et marque le deuxième temps du pas de départ. C'est ce que représente l'attitude 5. L'écart latéral gauche est à ce moment de 0m60.

La base latérale droite n'aura duré qu'une demi-période, puisque, sur son appui, la masse n'a progressé que de 0^m15 pendant la progression de 0^m30 de l'antérieur gauche.

Dans le pas de départ, la première base latérale a donc une durée de moitié inférieure à celle de la base latérale du pas de marche.

Au moment où le postérieur gauche est tombé à l'appui, le postérieur droit a levé ; et, sur l'appui de la base diagonale droite, le diagonal gauche en l'air progressera de 1^m20, puisque l'antérieur gauche a encore 1^m20 à parcourir pour terminer son enjambée. Par suite, la masse progressera de 0^m60 sur la base diagonale droite, qui durera deux périodes.

L'attitude 6 représente la position des pieds à la fin de cette progression, au moment où l'antérieur gauche, tombant à l'appui, construit la base latérale gauche et marque le troisième temps du pas de départ.

On remarquera que dès ce troisième temps, instant où la deuxième partie du pas de départ commence, se produisent les mêmes phénomènes qu'au pas de marche. Nous constatons, en effet, attitude 6, une base latérale gauche de 1^m80; un écart latéral droit de 0^m60; un écart diagonal droit de 0^m90 entre le postérieur gauche à l'appui et l'antérieur droit au lever. Toutes les enjambées seront désormais de 1^m80.

L'étendue totale de la progression de la masse, sur l'antérieur droit, aura été de 0^m75, puisque la base latérale droite a duré une demi-période, correspondant à une progression de 0^m15 de la masse, et la base diagonale droite deux périodes, répondant à une progression de 0^m60.

Nous élèverons donc sur l'antérieur droit deux fractions de pendule renversé équivalant à ces deux étendues.

L'antérieur gauche ayant par son appui construit la base latérale gauche, l'antérieur droit lève; et, sur la base qui vient d'être construite, le latéral droit en l'air progressera de 0^m60, puisque le postérieur droit n'a plus qu'un parcours de 0m60 à effectuer pour terminer son enjambée normale de 1m80 et construire, en tombant à l'appui sur l'empreinte de l'antérieur droit, la base diagonale gauche. Sur l'appui de la même base, la masse progressera de 0m30. La base latérale gauche dure donc une période. L'attitude 7 représente la position du cheval à la fin de cette progression, au moment où le postérieur droit, tombant à l'appui, après avoir fait une enjambée de 1m80, construit la base diagonale gauche et marque le quatrième temps du pas de départ.

Cette base diagonale gauche durera deux périodes, c'est-à-dire jusqu'au moment où l'antérieur droit, qui a encore 1m20 à parcourir pour terminer son enjambée de 1m80, tombe à l'appui et construit la base latérale droite.

L'attitude 8 représente la position du cheval à la fin de cette progression, au moment où l'antérieur droit, tombant à l'appui, construit la base latérale droite et marque le premier temps du pas normal de marche, définitivement établi.

De concert avec l'antérieur droit, le postérieur gauche a parcouru 1m20.

L'amplitude du pendule renversé élevé sur l'antérieur gauche est de 0m90, étendue correspondant : 1° à la durée de la base latérale gauche, une période ou 0m30; 2° à la durée de la base diagonale gauche, deux périodes ou 0m60.

En résumé, dans le pas de départ à droite, que nous venons d'examiner, les quatre enjambées ont eu successivement les étendues suivantes :

1° Enjambée antérieure droite, 0m60.
2° Enjambée postérieure gauche, 0m90.
3° Enjambée antérieure gauche, 1m50.
4° Enjambée postérieure droite, 1m80.

Ce qui prouve que le pas de départ et le pas de marche, ainsi que nous l'avons dit au début, diffèrent entre eux par l'étendue des trois premières enjambées.

Dans le pas d'arrêt à droite, le cheval passant du pas normal à la position de station régulière, les mêmes phénomènes se présenteraient dans l'ordre inverse, c'est-à-dire que les quatre enjambées auraient successivement les étendues suivantes :

1° Enjambée antérieure droite, 1m80.
2° Enjambée postérieure gauche, 1m50.
3° Enjambée antérieure gauche, 0m90.
4° Enjambée postérieure droite, 0m60.

CHAPITRE VIII

CADRAN HIPPIQUE

Le cadran hippique, imaginé par le capitaine Raabe et représenté par la figure 13, a pour but de faire connaître et d'expliquer :

1° Les variétés des allures marchées régulières comprises entre l'amble et le petit trot, inclusivement;

2° Le mécanisme de chacune de ces allures;

3° Les modifications que subit le mécanisme des membres, pour passer d'une allure à une autre.

Le cadran hippique se compose de deux disques superposés, l'un fixe et extérieur, représentant les membres antérieurs, l'autre mobile et plus petit, situé au milieu du premier et représentant les membres postérieurs. Une aiguille ou guidon-allures, à deux pointes, fixée au milieu du disque mobile, partage les deux disques par la moitié, suivant AG. En tournant de droite à gauche, de A à G, et en se plaçant successivement, par la pointe supérieure, sur les lettres B, C, D, E, F, G, et, par la pointe inférieure, sur les lettres H, I, J, K, L, A, elle indique les diverses attitudes du cheval depuis l'amble A, jusqu'au petit trot G, attitudes correspondant à autant de divers genres de pas.

Dans les deux disques, pour le passage de l'amble au petit trot et pour celui du petit trot à l'amble, la première circonférence, ou circonférence extérieure, désigne :

Dans le disque fixe, l'antérieur gauche ;

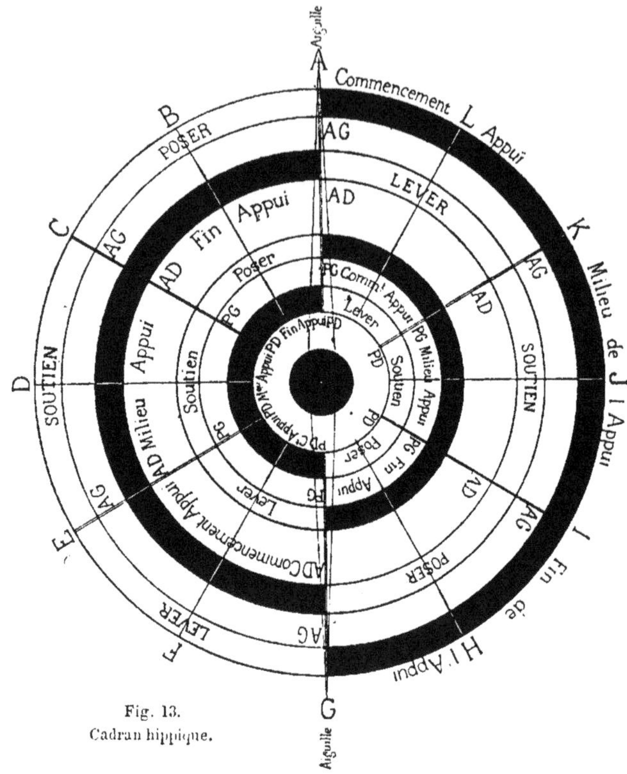

Fig. 13.
Cadran hippique.

Dans le disque mobile, le postérieur gauche.

La deuxième circonférence ou circonférence intérieure indique :

Dans le disque fixe, l'antérieur droit ;

Dans le disque mobile, le postérieur droit.

Les parties noircies représentent les pieds à l'appui ; les parties laissées en blanc représentent les pieds en l'air.

Dans le passage de l'amble au petit trot, la pointe supérieure de l'aiguille tournant de droite à gauche, de A à G, les bases diagonales droites commencent à partir de la lettre A et se terminent à la lettre G où elles sont exclusivement diagonales; les bases diagonales gauches commencent à partir de la lettre G et se terminent à la lettre A où elles sont exclusivement diagonales.

Dans le passage du petit trot à l'amble, la pointe supérieure de l'aiguille tournant de gauche à droite, de A à G, les bases latérales gauches commencent à partir de la lettre A et se terminent à la lettre G où elles sont exclusivement latérales; les bases latérales droites commencent à partir de la lettre G et se terminent à A où elles sont exclusivement latérales.

Sur le cadran hippique, les six périodes d'oscillation, dont nous avons parlé précédemment, trois périodes d'appui comme pendule renversé, trois périodes de suspension comme pendule ordinaire, ont été divisées chacune en deux demi-périodes.

Le cadran hippique représente donc douze demi-périodes.

Il nous donne :

A l'amble, *l'association de deux membres en latéral;*

Au petit trot, *l'association de deux membres en diagonale.*

Dans tous les pas compris entre l'amble et le petit trot et réciproquement, il nous fournit :

1° *Le nom de l'allure;*

2° *La durée des bases latérales et diagonales;*

3° *Les avances en latéral;*

4° *Les retards en diagonale.*

Le cadran hippique ne donne que les durées en périodes et non les étendues : il s'applique donc à toutes les tailles.

Pour connaître l'étendue des bases latérales et diagonales, il faudrait relever les empreintes des pieds sur le sol, lesquelles constituent le *plan de terre.*

On appelle *évolution* d'un membre, le rôle mécanique que remplit ce membre pendant l'exécution d'un pas.

A chaque pas, la combinaison des quatre évolutions simultanées des membres représente, dans le cadran hippique, 12 demi-périodes pour chaque membre, ce qui donne 48 positions successives pour les quatre membres effectuant un pas complet.

Chaque pas occasionnant 48 positions successives, il y aura dans les sept genres de pas, compris entre l'amble et le petit trot, inclusivement, 336 positions successives pour les quatre membres.

A chaque changement d'allure, d'une allure extrême à une autre, de l'amble au petit trot, ou du petit trot à l'amble, il y a donc six fois 48 demi-périodes ou 288 variations dans les quatre évolutions simultanées.

Ces explications données, faisons fonctionner le cadran hippique. Pour opérer le changement d'allures de l'amble au petit trot, nous mettrons l'aiguille sur les lettres A et G, dans la position de l'amble, et nous la ferons tourner de droite à gauche, de A à G, en l'arrêtant successivement par la pointe supérieure, partant de A, sur les lettres B, C, D, E, F, G, pendant que la pointe inférieure, partant de G, s'arrêtera simultanément et successivement sur les lettres H, I, J, K, L, A.

Pour opérer le changement d'allures du petit trot à l'amble, nous mettrons l'aiguille sur les lettres A et G, dans la position du petit trot, et nous la ferons tourner de gauche à droite, de A à G, en l'arrêtant successivement par la pointe supérieure, partant de A, sur les lettres L, K, J, I, H, G, tandis que la pointe inférieure, partant de G, s'arrêtera simultanément et successivement sur les lettres F, E, D, C, B, A.

Passage de l'Amble au Petit Trot. — 1° A. G. L'*Amble*. — L'aiguille étant placée sur les lettres A et G, dans la position de l'amble, nous voyons que dans la partie gauche du cadran l'antérieur droit et le postérieur droit sont à l'appui, pendant que l'antérieur gauche et le postérieur gauche sont en l'air; et que dans la partie droite le bipède latéral gauche est à l'appui, pendant que le bipède latéral droit est en l'air.

Les durées latérales d'appui et de suspension sont égales pour chaque bipède latéral, ce qui nous donne trois périodes en latéral d'appui et de suspension de chaque côté. Il n'y a pas de bases diagonales. D'où : Retard en diagonal droit : trois périodes, de G à A. Retard en diagonal gauche : trois périodes, de A à G.

2° B. H. *Commencement du pas.* — L'aiguille tournant de droite à gauche et se plaçant sur les lettres B et H, nous voyons que le postérieur gauche, qui a raccourci son enjambée d'une demi-période, tombe à l'appui à B, une demi-période avant l'antérieur gauche, et construit avec l'antérieur droit la base diagonale droite qui dure de B à A, ou une demi-période, c'est-à-dire jusqu'au moment où l'antérieur gauche, qui n'a pas modifié l'étendue de son enjambée, tombe à l'appui à A et construit la base latérale gauche qui dure de A à H, soit deux périodes et demie.

De même, le postérieur droit, qui a raccourci son enjambée d'une demi-période, tombe à l'appui à H et construit avec l'antérieur gauche la base diagonale gauche qui dure de H à G ou une demi-période, c'est-à-dire jusqu'au moment où l'antérieur droit, qui n'a pas modifié son enjambée, tombe à l'appui à G et construit la base latérale droite qui dure de G à B, soit deux périodes et demie.

D'où nous concluons qu'à ce genre de pas, la durée des bases est la suivante :

Base latérale droite : deux périodes et demie de G à B.

Base latérale gauche : deux périodes et demie de A à H.

Base diagonale droite : une demi-période de B à A.

Base diagonale gauche : une demi-période de H à G.

D'où

Retard en diagonal droit : deux périodes et demie de G à B.

Retard en diagonal gauche : deux périodes et demie de A à H.

Avance en latéral gauche : une demi-période de B à A.

Avance en latéral droit : une demi-période de H à G.

3° C. I. *Pas Lecoq.* — L'aiguille étant placée sur les lettres C et I, le postérieur gauche tombe à l'appui à C, une période avant l'antérieur gauche, et construit avec l'antérieur droit la base diagonale droite qui dure de C à A ou une période, c'est-à-dire jusqu'au moment ou l'antérieur gauche, qui n'a pas modifié son enjambée, tombe à l'appui à A et construit la base latérale gauche qui dure deux périodes, de A à I.

De même, le postérieur droit tombe à l'appui à I, une période avant l'antérieur droit, et construit avec l'antérieur gauche la base diagonale gauche qui dure de I à G ou une période, c'est-à-dire jusqu'au moment où l'antérieur droit, qui n'a pas modifié son enjambée, tombe à l'appui à G et construit la base latérale droite qui dure deux périodes, de G à C.

A ce genre de pas, la durée des bases est donc la suivante :

Base latérale droite : deux périodes de G à C.

Base latérale gauche : deux périodes de A à I.

Base diagonale droite : une période de C à A.

Base diagonale gauche : une période de I à G.

D'où

Retard en diagonal droit : deux périodes de G à C.

Retard en diagonal gauche : deux périodes de A à I.

Avance en latéral gauche : une période de C à A.

Avance en latéral droit : une période de I à G.

4° D. J. *Pas des quatre battues également espacées ou pas Bouley.* — L'aiguille étant placée sur les lettres D et J, le postérieur gauche tombe à l'appui à D, une période et demie avant l'antérieur gauche, et construit avec l'antérieur droit la base diagonale droite qui dure de D à A ou une période et demie, c'est-à-dire jusqu'au moment où l'antérieur gauche, qui n'a pas modifié son enjambée, tombe à l'appui à A et construit la base latérale gauche qui dure une période et demie, de A à J.

De même, le postérieur droit tombe à l'appui à J, une période et demie avant l'antérieur droit, et construit avec l'antérieur gauche la base diagonale gauche qui dure une période et demie de J à G, c'est-à-dire jusqu'au moment où l'antérieur droit, qui n'a pas modifié son enjambée, tombe à l'appui à G et construit la base latérale droite qui dure une période et demie, de G à D.

A ce genre de pas, la durée des bases est donc la suivante :

Base latérale droite : une période et demie de G à D.

Base latérale gauche : une période et demie de A à J.

Base diagonale droite : une période et demie de D à A.

Base diagonale gauche : une période et demie de J à G.

D'où

Retard en diagonal droit : une période et demie de G à D.

Retard en diagonal gauche : une période et demie de A à J.

Avance en latéral gauche : une période et demie de D à A.

Avance en latéral droit : une période et demie de J à G.

5o E. K. *Pas normal ou de Buffon.* — L'aiguille étant placée sur les lettres E et K, le postérieur gauche tombe à l'appui à E, deux périodes avant l'antérieur gauche, et construit avec l'antérieur droit la base diagonale droite qui dure deux périodes de E à A, c'est-à-dire jusqu'au moment où l'antérieur gauche tombant à l'appui à A construit la base latérale gauche qui dure une période, de A à K.

De même, le postérieur droit tombe à l'appui à K, deux périodes avant l'antérieur droit, et construit avec l'antérieur gauche la base diagonale gauche qui dure deux périodes de K à G, c'est-à-dire jusqu'au moment où l'antérieur droit tombant à l'appui à G construit la base latérale droite qui dure une période, de G à E.

Au pas normal, la durée des bases est donc la suivante :

Base latérale droite : une période de G à E.

Base latérale gauche : une période de A à K.

Base diagonale droite : deux périodes de E à A.

Base diagonale gauche : deux périodes de K à G.

D'où

Retard en diagonal droit : une période de G à E.

Retard en diagonal gauche : une période de A à K.

Avance en latéral gauche : deux périodes de E à A.

Avance en latéral droit : deux périodes de K à G.

6° F. L. *Pas préparatoire au petit trot.* — L'aiguille étant placée sur les lettres F et L, le postérieur gauche tombe à l'appui à F, deux périodes et demie avant l'antérieur gauche, et construit avec l'antérieur droit la base diagonale droite qui dure deux périodes et demie, de F à A, c'est-à-dire jusqu'au moment où l'antérieur gauche tombant à l'appui à A construit la base latérale gauche qui dure une demi-période de A à L.

De même, le postérieur droit tombe à l'appui à L, deux périodes et demie avant l'antérieur droit, et construit avec l'antérieur gauche la base diagonale gauche qui dure deux périodes et demie, de L à G, c'est-à-dire jusqu'au moment où l'antérieur droit tombant à l'appui à G construit la base latérale droite qui dure une demi-période, de G à F.

A ce genre de pas, la durée des bases est donc la suivante :

Base latérale droite : une demi-période de G à F.

Base latérale gauche : une demi-période de A à L.

Base diagonale droite : deux périodes et demie de F à A.

Base diagonale gauche : deux périodes et demie de L à G.

D'où

Retard en diagonal droit : une demi-période de G à F.

Retard en diagonal gauche : une demi-période de A à L.

Avance en latéral gauche : deux périodes et demie de F à A.

Avance en latéral droit : deux périodes et demie de L à G.

7o G. A. *Petit trot.* — L'aiguille étant placée sur les lettres G et A, nous voyons que le postérieur gauche et l'antérieur droit tombent simultanément à l'appui à G, tandis que le postérieur droit et l'antérieur gauche lèvent en même temps à G ; et que le postérieur droit et l'antérieur gauche tombent simultanément à l'appui à A, pendant que les deux pieds du diagonal droit lèvent simultanément à A.

Il n'y a plus de bases latérales : les bases sont devênues exclusivement diagonales ; par conséquent, il n'y a plus de retard en diagonale : c'est le petit trot.

A cette allure, la durée des bases est la suivante :

Base diagonale droite : trois périodes de G à A.

Base diagonale gauche : trois périodes de A à G.

D'où

Avance en latéral gauche : trois périodes de G à A.

Avance en latéral droit : trois périodes de A à G.

Dans le passage de l'amble au petit trot, les enjambées antérieures ne se sont pas modifiées ; les enjambées postérieures se sont successivement raccourcies, à chaque genre de pas, d'une demi-période, correspondant au 1/12 de l'enjambée.

Dans ces changements d'allure, l'aiguille dont la pointe supérieure, primitivement à A, est devenue pointe inférieure en arrivant dans son mouvement de rotation à la lettre G, doit s'y arrêter ; parce que, immédiatement après, si elle continuait à tourner, elle ferait construire aux pieds postérieurs des bases latérales, ce qui est impossible, les postérieurs ne construisant que des bases diagonales.

Dans le passage du petit trot à l'amble, les postérieurs allongeront successivement, en passant d'une allure à une autre, leur enjambée d'une demi-période, tandis que les antérieurs ne modifieront pas leur enjambée normale.

Passage du petit Trot à l'Amble. — Le passage du petit trot à l'amble se faisant par l'allongement des enjambées postérieures, si, plaçant l'aiguille sur les lettres A et G, dans la position du petit trot, nous la faisons tourner de gauche à droite et s'arrêter successivement par la pointe supérieure sur les lettres L, K, J, I, H, G, et par la pointe inférieure sur les lettres F, E, D, C, B, A, nous obtiendrons les changements d'allure du petit trot à l'amble.

L. F. *Pas préparatoire au petit trot.* — La pointe supérieure de l'aiguille étant placée sur la lettre L, nous voyons que le postérieur droit qui, au petit trot, tombait simultanément à l'appui à A avec l'antérieur gauche, est au genre de pas choisi en retard d'une demi-période sur l'antérieur gauche. Cela vient de ce que l'antérieur gauche est tombé à l'appui à A, après avoir fait son enjambée normale, de G à A, et que le postérieur droit a allongé son enjambée d'une demi-période, de A à L. Cet allongement de l'enjambée postérieure droite a permis à la base latérale gauche de durer une demi-période, de A à L.

De même, la pointe inférieure de l'aiguille s'étant dans le mouvement de rotation précédent placé sur la lettre F, l'antérieur droit est tombé à l'appui à G, après avoir fait son enjambée normale de A à G, tandis que le postérieur gauche n'est tombé à l'appui qu'à F, après avoir allongé son enjambée d'une demi-période, de G à F, ce qui a permis à la base latérale droite de durer une demi-période, de G à F.

A ce genre de pas : la durée des bases est la suivante :

Base latérale gauche : une demi-période de A à L.

Base latérale droite : une demi-période de G à F.

Base diagonale gauche : deux périodes et demie, de L à G.

Base diagonale droite : deux périodes et demie de F à A.

D'où

Retard en diagonal gauche : une demi-période de A à L.

Retard en diagonal droit : une demi-période de G à F.

Avance en latéral droit : deux périodes et demie de L à G.

Avance en latéral gauche : deux périodes et demie de F à A.

Si l'aiguille continuait son mouvement de rotation, l'on verrait à chaque genre de pas nouveau la durée des bases diagonales diminuer, celle des bases latérales augmenter, jusqu'au moment où l'une des pointes étant arrivée à G, et l'autre à A, dans la position de l'amble, les bases diagonales disparaîtraient pour faire place exclusivement à des bases latérales. L'aiguille étant dans cette position, le changement d'allures du petit trot à l'amble est effectué.

Le cadran hippique servant à faire connaître et à analyser les variétés des allures marchées, le capitaine Raabe, pour bien faire comprendre que tous les genres de pas trouvent place dans le cadran, a donné aux deux pas désignés par les lettres C et I, et par les lettres D et J, les noms de Pas Lecoq et Pas Bouley, MM. Lecoq et Bouley, vétérinaires distingués, ayant prétendu que la vraie allure du pas était celle observée par eux.

M. Lecoq, après avoir examiné un cheval en marche, au pas, et constaté qu'il s'appuyait plus longtemps sur les bases latérales que sur les bases diagonales, en avait conclu que la vraie allure du pas était celle où les bases latérales ont plus de durée que les bases diagonales.

M. Bouley, après examen, avait conclu de son côté que, au pas, les bases latérales ont une durée égale à celle des bases diagonales.

Le cadran hippique prouve que ces messieurs avaient seulement raison pour le cas particulier qui les occupait, et tort en voulant faire de leurs observations une règle générale.

Pour couper court à toutes les polémiques que les théories sur le pas ont soulevées, nous dirons qu'au pas les bases latérales ont une durée plus grande, quand le genre de pas tient davantage de l'amble que du petit trot; que les bases diagonales durent plus longtemps, quand le pas se rapproche davantage du petit trot que de l'amble; enfin, que les bases latérales et diagonales sont d'égale durée, quand le genre de pas tient autant de l'amble que du petit trot.

Le pas raccourci, le pas allongé, l'amble rompu, font partie des allures marchées; toutefois, ils ne sont pas représentés dans le cadran hippique, parce que le cadran hippique ne s'occupe que du raccourcissement ou de l'allongement des enjambées postérieures, pendant que les enjambées antérieures restent les mêmes.

Au pas raccourci, les enjambées antérieures et postérieures se raccourcissent également; au pas allongé et à l'amble rompu, elles s'allongent.

CHAPITRE IX

AMBLE ROMPU

Passage de l'Amble à l'Amble rompu. — Mécanisme de la Marche pendant ce changement de Pas. — Durée des Bases latérales et diagonales.

L'AMBLE, ainsi que nous l'avons dit précédemment, est une allure marchée en deux temps et en latéral; l'amble rompu, ainsi que nous allons le voir, est une allure en quatre temps et marchée, avec des bases latérales et diagonales.

Le cheval, marchant l'amble simple, ne passe à l'amble rompu que pour augmenter la vitesse de son allure, de même qu'il ne se met du pas au trot que pour aller plus vite.

En règle générale, dans tout changement d'allure, l'accélération s'obtient par l'allongement préalable des enjambées antérieures, tout ralentissement par le raccourcissement préalable des mêmes enjambées. Dans le premier cas, l'étendue des bases latérales augmente; dans le second, elle diminue.

Par conséquent, quand l'allure devient plus rapide, c'est un membre postérieur qui tombe à l'appui le premier pour favoriser l'allongement de l'enjambée antérieure; quand l'allure se ralentit, c'est un membre antérieur qui tombe à l'appui le premier, pour occasionner le raccourcissement de l'enjambée postérieure.

Du reste, l'impulsion venant toujours de l'arrière-main, et l'arrêt s'opérant toujours par l'avant-main, il est bien évident que toute antériorité d'appui d'un membre postérieur, soit en latéral, soit en diagonale, augmentera la vitesse de l'allure, tandis que, toutes les fois qu'il y aura priorité d'appui d'un membre antérieur, le ralentissement aura lieu.

Le cheval ne passant de l'amble à l'amble rompu que pour se mettre à une allure plus rapide, les enjambées antérieures s'allongent donc les premières, ce qui augmente d'abord l'étendue des bases latérales, et permet aux membres postérieurs d'augmenter à leur tour l'étendue de leur enjambée.

A l'amble rompu, l'allongement des enjambées postérieures succédant à celui des enjambées antérieures, l'écart diagonal de l'amble simple, ou dépister, ne se modifiera jamais, quel que soit cet allongement : il restera toujours égal au sixième de l'enjambée, avec cette différence que, à l'amble rompu, cet écart diagonal se changera en base diagonale.

L'amble rompu comporte donc des bases diagonales moins étendues qu'à n'importe quel genre de pas, et ne saurait, pour cette raison, être confondu avec le pas, confusion qui a bien souvent été faite. Le changement d'allure de l'amble au pas se faisant par le raccourcissement des enjambées postérieures donnera toujours, si minime que soit ce raccourcissement, des bases diagonales plus grandes que le dépister.

Les empreintes relevées sur le sol et représentées, figure 14, par le plan de terre, nous montrent les phénomènes qui se produisent dans le passage de l'amble à un genre d'amble rompu.

Elles nous indiquent que :

1° A l'amble simple, les bases latérales sont de $1^{m}20$, le méjuger de $0^{m}60$, le dépister de $0^{m}30$;

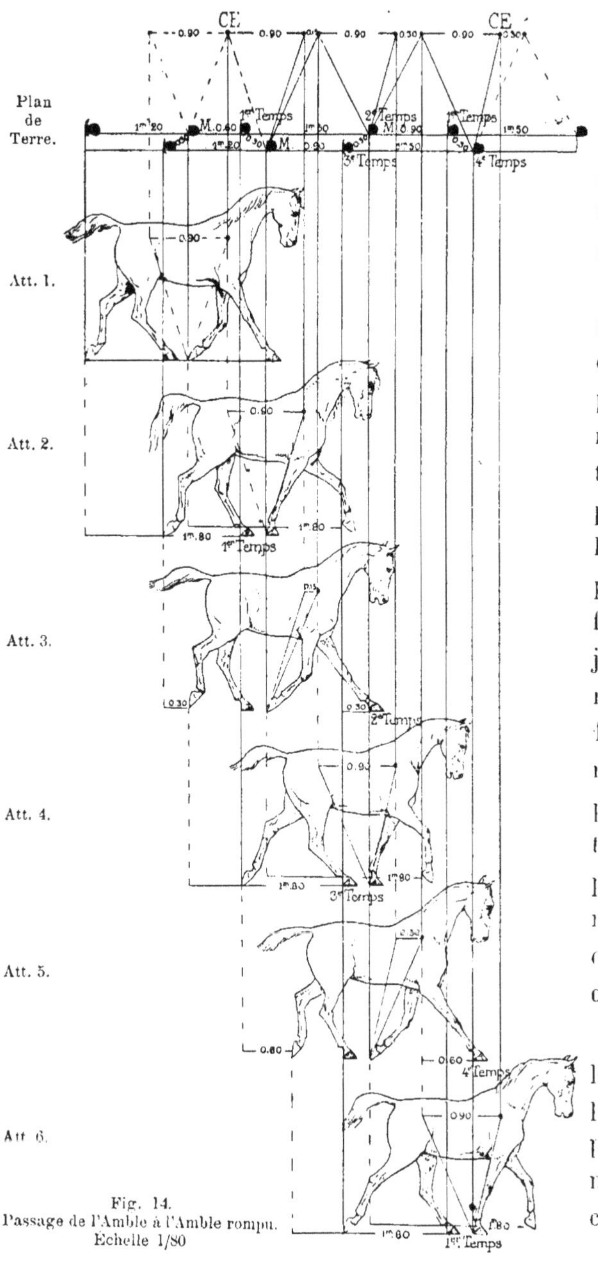

Fig. 14.
Passage de l'Amble à l'Amble rompu.
Échelle 1/80

2° Dans tous les pas qui suivent, l'écart diagonal de 0m30 persiste ;

3° Le postérieur gauche, dans le pas qui commence, est tombé le premier à l'appui, après avoir fait son enjambée normale de 1m80, et a marqué le premier temps du pas intermédiaire entre les deux pas.

C'est la première partie du premier demi-pas qui commence.

La base latérale droite est rompue; la base diagonale droite est construite.

4° La seconde partie du premier demi-pas a été déterminée par l'antérieur gauche, qui est tombé à l'appui après avoir fait une enjambée de 2m10. Il a marqué le deuxième temps et a construit une base latérale gauche de 1m50.

5° La première partie du second demi-pas a été déterminée par le postérieur droit, qui est tombé à l'appui après avoir fait une enjambée de 2m10. Il a marqué le troisième temps et a construit la base diagonale gauche. La base latérale gauche est rompue. Le méjuger est de 0m90.

6° La deuxième partie du second demi-pas a été déterminée par l'antérieur droit, qui est tombé à l'appui après avoir fait une enjambée de 2m40. Il a marqué le quatrième temps et a construit une base latérale droite de 1m50.

Quand le postérieur gauche, après avoir fait une enjambée de 2m40, tombera de nouveau à l'appui et marquera le premier temps du pas suivant, le changement d'allure sera effectué et l'amble rompu déterminé. Dès ce moment, toutes les enjambées seront de 2m40; les méjugers de 0m90; les bases latérales de 1m50; les bases diagonales de 0m30.

Pour passer de l'amble à l'amble rompu, le cheval a donc allongé dans la première partie du pas intermédiaire : 1° sa première enjambée antérieure de 0m30; 2° sa première enjambée postérieure de 0m30, ce qui fait pour chaque membre antérieur et postérieur une enjambée de 2m10; et dans la deuxième partie du pas intermédiaire : 1° sa deuxième enjambée antérieure de 0m60, sa deuxième enjambée postérieure de 0m60, soit pour chaque membre une enjambée de 2m40.

Mais comment se fait-il que les deux dernières enjambées soient de 2m40, tandis que les deux premières ne sont que de 2m10?

A l'amble simple, l'enjambée était de 1m80, par suite l'écart entre l'appui et le lever de deux membres congénères de 0m90; c'est-à-dire égal à la demi-enjambée. Le cheval, en quittant l'amble simple et en allongeant son enjambée antérieure gauche de 0m30, a déterminé, par suite de cet allongement, entre l'antérieur droit et lui un écart de 1m20, écart égal à la demi-enjambée antérieure suivante. L'enjambée antérieure suivante sera donc de 2m40.

Il en sera de même pour les membres postérieurs: la première enjambée sera de 2m10; la deuxième de 2m40.

Les empreintes relevées sur le sol ne nous ont donné jusqu'à présent que l'étendue des bases latérales et diagonales à chaque temps, mais non la position des pieds pendant la marche, pas plus que l'étendue de la progression de la masse sur chaque base et la durée en périodes de cette progression. Les pendules renversés élevés sur les appuis des pieds antérieurs nous feront connaître l'étendue de la progression de la masse prise à C E et la durée des bases latérales et diagonales.

L'étendue des progressions successives de la masse et la durée des bases sont les suivantes:

Fig. 14, attitude 1. Amble simple. Progression sur la base latérale gauche: 0m90 ou trois périodes.

Attitude 2. Commencement du pas intermédiaire. 1er temps. Base diagonale droite. Progression sur la base latérale droite de l'amble simple: 0m90 ou trois périodes. Le postérieur gauche tombe à l'appui, après avoir fait son enjambée normale de 1m80 sur l'appui de la base latérale droite de l'amble. Il construit la base diagonale droite et marque le premier temps d'un pas intermédiaire entre l'amble et l'amble rompu. L'amble simple est détruit. L'antérieur gauche, qui a parcouru avec le postérieur gauche 1m80 sur la même base latérale droite, va continuer sa progression sur la base diagonale qui vient d'être construite, parce qu'il allonge son enjambée. A ce moment, le postérieur droit est au lever; le pas intermédiaire commence.

Attitude 3. 2e temps. Base latérale gauche. Progression sur la base diagonale diagonale droite : 0m15 ou 3/7 de période. L'antérieur gauche qui précédemment avait parcouru 1m80 sur la base latérale droite tombe à l'appui, après avoir fait une nouvelle progression de 0m30 sur la base diagonale droite et une enjambée totale de 2m10. Il construit la base latérale gauche et marque le deuxième temps du pas intermédiaire. L'antérieur droit lève. Le postérieur droit qui levait, quand l'antérieur gauche allait faire sa progression de 0m30 pour terminer son enjambée, a, de concert avec lui, progressé de 0m30 sur la base diagonale droite.

Attitude 4. 3e temps. Base diagonale gauche. Progression sur la base latérale gauche : 0m90 ou deux périodes 4/7. Le postérieur droit tombe à l'appui, après avoir fait une nouvelle progression de 1m80 sur la base latérale gauche, de concert avec l'antérieur droit qui était au lever dans l'attitude précédente. Il construit la base diagonale gauche et marque le troisième temps du pas intermédiaire. Le postérieur gauche lève.

Le postérieur droit ayant fait précédemment une progression de 0m30 sur la base diagonale droite, son enjambée totale a été de 2m10.

Pendant la durée de la base latérale gauche, la progression de 1m80 du pied en l'air nous donne une progression correspondante de la masse de 0m90 sur cette même base.

Le premier demi-pas est terminé; le deuxième demi-pas commence avec le troisième temps.

Justifions la durée des bases diagonale et latérale dans ce premier demi-pas.

Dans la première partie du premier demi-pas, comprise entre le premier et le deuxième temps, la progression de la masse a été de 0m15 sur l'appui de la base diagonale droite; et dans la deuxième partie du premier demi-pas, comprise entre le deuxième et le troisième temps, de 0m90 sur l'appui de la base latérale gauche.

La progression totale de la masse dans le premier demi-pas est donc de 0^{m}15 + 0^{m}90 = 1^{m}05. Cette étendue divisée par 3 nous donnant trois périodes d'appui de 0^{m}35 chacune, et la masse ayant progressé de 0^{m}15 sur la base diagonale droite, et de 0^{m}90 sur la base latérale gauche, les durées des bases diagonale et latérale pendant l'exécution du premier demi-pas seront les suivantes :

Base diagonale droite : 0^{m}15 ou 3/7 de période.

Base latérale gauche : 0^{m}90 ou deux périodes 4/7.

Attitude 5. 4e temps. Base latérale droite. Progression sur la base diagonale gauche : 0^{m}30 ou 3/4 de période. L'antérieur droit tombe à l'appui après avoir progressé, de concert avec le postérieur gauche, de 0^{m}60 pendant la durée de la base diagonale gauche. Il construit la base latérale droite et marque le quatrième temps du pas intermédiaire.

L'antérieur droit ayant précédemment progressé de 1^{m}80 sur la base latérale gauche a fait une enjambée totale de 2^{m}40.

La progression de 0^{m}60 de l'antérieur droit en l'air, pendant la durée de la base diagonale gauche, représente pour la masse une progression de 0^{m}30 sur l'appui de la même base.

Attitude 6. 1er temps. Base diagonale droite. Progression sur la base latérale droite : 0^{m}90 ou deux périodes 1/4. Le postérieur gauche tombe à l'appui, après avoir fait avec l'antérieur gauche une progression de 1^{m}80 pendant la durée de la base latérale droite. Il construit la base diagonale droite et marque le premier temps du pas d'amble rompu.

Le postérieur gauche ayant fait précédemment une progression de 0^{m}60 pendant la durée de la diagonale gauche, son enjambée totale a été de 2^{m}40. Le deuxième demi-pas est terminé ; le nouveau pas commence.

La progression de 1^{m}80 du pied en l'air pendant la durée de la base latérale droite représente pour la masse une progression correspondante de 0^{m}90 sur l'appui de la même base.

Il nous reste à justifier la durée des bases diagonale et latérale dans le deuxième demi-pas.

Dans la première partie du second demi-pas, comprise entre le troisième et le quatrième temps, la progression de la masse a été de 0m30 sur l'appui de la base diagonale gauche; dans la deuxième partie, comprise entre le quatrième temps et le premier temps du pas nouveau, de 0m90 sur l'appui de la base latérale droite. La progression totale de la masse dans le second demi-pas est donc de 0m30 + 0m90 = 1m20. Cette étendue divisée par 3 nous donne trois périodes d'appui correspondant chacune à 0m40.

La masse ayant progressé de 0m30 sur la base diagonale gauche, de 0m90 sur la base latérale droite, les durées des bases diagonale et latérale pendant l'exécution du second demi-pas sont les suivantes :

Base diagonale gauche : 0m30 ou 3/4 de période.

Base latérale droite : 0m90 ou deux périodes 1/4.

Cherchons maintenant quelle est l'étendue du pas intermédiaire entre l'amble et l'amble rompu.

A l'amble, la masse progressant, pendant l'exécution d'un pas, deux fois de 0m90 ou de trois périodes sur chaque base latérale, l'étendue du pas est de 1m80.

A l'amble rompu, la masse progressant deux fois de 1m20 ou de trois périodes, en diagonale et en latéral, l'étendue du pas est de 2m40.

Dans le pas intermédiaire entre ces deux allures, l'étendue du pas est de 2m25, puisque la progression de la masse est de 1m05 ou de trois périodes dans le premier demi-pas, de 1m20 ou de trois périodes dans le second.

CHAPITRE X

MÉTHODE GRAPHIQUE

Appareils inscripteurs de M. Marey : leur description, leur emploi. — Réflexions sur la Méthode graphique. — Manière de se servir des Notations. — Vitesses relatives. — Tableau synoptique des Notations représentant les Allures marchées désignées dans le cadran hippique.

VANT d'aller plus loin, nous croyons indispensable de parler de la méthode graphique et des appareils inscripteurs de M. Marey, l'éminent professeur au Collège de France, qui sont d'un si puissant secours dans l'étude approfondie de la locomotion du cheval.

Il est peu de sujets qui aient donné lieu à autant de controverses que la question des allures du cheval. Un simple coup d'œil jeté sur les nombreux ouvrages qui traitent de cette question permet de constater combien les théories sont différentes, combien les auteurs sont en désaccord. Ce désaccord est une preuve évidente que l'observation seule ne suffit pas à saisir et à analyser les mouvements complexes et rapides des diverses allures d'un animal. La méthode graphique devait suppléer à ce que nos sens ont de défectueux ; elle devait, quand l'œil cesse de voir, l'oreille d'entendre, fixer d'une manière précise les phénomènes qui nous échappent.

La méthode graphique a de nombreuses applications; nous ne nous occuperons que de celle relative aux allures du cheval, c'est-à-dire des appareils inscripteurs des mouvements. Nous emprunterons aux ouvrages spéciaux de M. Marey, *la Méthode graphique*, pages 109, 125, 135 et 136, et *la Machine animale*, pages 138, 154, 155, 156, 157, 172, la plupart de nos descriptions.

Le principe qui préside à la construction des appareils inscripteurs est partout le même :

Un mouvement d'horlogerie d'une vitesse uniforme conduit une feuille de papier au-devant d'un ou de plusieurs styles qui tracent la courbe du phénomène. Ces styles s'élèvent ou s'abaissent suivant les variations de l'intensité du phénomène à l'action duquel ils sont soumis.

Un des plus grands obstacles à l'emploi de la méthode graphique pour étudier les déplacements d'un corps, c'est la difficulté qu'il y a, presque toujours, à fixer à ce corps un style écrivant, et surtout à placer une feuille de papier de façon qu'elle reçoive le tracé du style. Aussi, est-il indispensable d'avoir un moyen de transmettre le mouvement à distance, l'empruntant à l'organe qu'on étudie, pour l'envoyer au style qui doit l'inscrire sur le papier. C'est par des tubes à air que les transmissions les plus satisfaisantes ont été obtenues par M. Marey.

La disposition qui se prête à la plupart des expériences consiste à employer deux tambours à levier dont l'un reçoit le mouvement, tandis que l'autre le trace. Ces tambours sont formés chacun d'une caisse métallique fermée en haut par une membrane de caoutchouc mince et très peu tendue. Les deux tambours portent chacun un tube métallique qui s'ouvre à leur intérieur et s'adapte à un tuyau de caoutchouc qui les fait communiquer l'un avec l'autre. Si l'on appuie sur la membrane du premier tambour, on expulse une partie de l'air qu'il contient; cet air passe à travers le tube dans le deuxième tambour dont il soulève la membrane.

Quand on cesse de presser sur le premier tambour, la membrane du deuxième s'abaisse. C'est cette solidarité d'action des deux tambours qui permet de transmettre un mouvement à distance. Pour cela, on colle sur chacune des membranes un disque d'aluminium relié avec un levier qui s'articule, par une de ses extrémités, à un point fixe placé dans le voisinage de l'axe. Cette articulation permet au levier d'exécuter des mouvements verticaux.

Or, si l'on imprime un mouvement à l'un des leviers, cela produit, par l'intermédiaire du disque d'aluminium, une élévation ou un abaissement de la membrane du tambour correspondant. Il s'ensuivra un mouvement semblable, mais de sens inverse, dans le levier conjugué, et, si celui-ci est muni d'une plume qui trace sur un papier enfumé, un tracé sera obtenu.

Les tracés s'obtiennent sur un cylindre tournant. Sur ce cylindre, on dispose une feuille de papier bien lisse qui le recouvre entièrement et dont les deux bords sont collés d'un bout à l'autre. On noircit à la fumée d'une bougie ou d'une lampe la feuille de papier, en promenant lentement cette flamme tout le long du cylindre, pendant que celui-ci tourne avec une vitesse uniforme. Quand le cylindre est parfaitement noir, on possède une surface sur laquelle le moindre frôlement laissera sa trace.

Pour obtenir l'uniformité parfaite du mouvement de rotation imprimé au cylindre, on se sert d'un mouvement d'horlogerie muni d'un volant régulateur.

La succession des appuis et des levers des pieds s'obtient de la manière suivante : quatre styles inscripteurs, correspondant aux quatre pieds de l'animal, et disposés perpendiculairement à l'axe du cylindre, tracent sur celui-ci les appuis successifs ou simultanés des pieds.

Au moment où un pied tombe à l'appui, le style qui lui correspond s'élève et décrit sur le cylindre un tracé correspondant à toute la durée d'appui. L'appui terminé, le style s'abaisse et reprend sa place primitive. Si le cylindre était fixe, le tracé donné serait représenté par une ligne droite; mais le cylindre étant animé d'un mouvement de rotation, le tracé produit par l'élévation et l'abaissement du style est représenté par une ligne courbe.

Le cheval porte aux pieds quatre chaussures exploratrices, ce sont les appareils adoptés sur un terrain mou, au manège par exemple; ou, sur la partie antérieure des canons, quatre appareils explorateurs, appareils adoptés sur un terrain dur, comme sur une route.

Les styles correspondant à ces appareils donnent dans chaque expérience un quadruple tracé. Nous admettrons que les courbes tracées par les styles du haut indiquent, la première, la durée d'appui du membre antérieur gauche; la seconde, la durée d'appui du membre antérieur droit; et les courbes tracées par les styles du bas, la première, la durée d'appui du membre postérieur gauche; la seconde, la durée d'appui du membre postérieur droit.

Parmi les caractères des différentes allures, c'est le rythme des appuis des pieds qui est le plus frappant. Pour figurer chacun de ces rythmes, nous nous adresserons à la notation musicale, mais en la modifiant de façon qu'elle fournisse, en même temps, la notation de la durée de chacun des appuis et celle du pied auquel cet appui correspond.

Cette notation des rythmes se construit d'une manière très simple, d'après les tracés fournis par l'appareil. Du commencement de la courbe ascendante d'une foulée, abaissons une perpendiculaire: cette ligne déterminera le début de l'appui du pied; une perpendiculaire, descendant de la fin de la courbe, déterminera la fin de l'appui de ce pied. Entre ces deux perpendiculaires tirons une ligne horizontale: ce sera la *portée* sur laquelle s'écrira cette musique si simple représentant, suivant la disposition convenue des pieds, chacun des pieds à l'appui.

Les tracés et la notation d'un galop en trois temps que nous empruntons à M. Marey, dans *la Machine animale,* page 172, et que nous représentons dans la figure 15, aideront à faire comprendre l'exposition précédente.

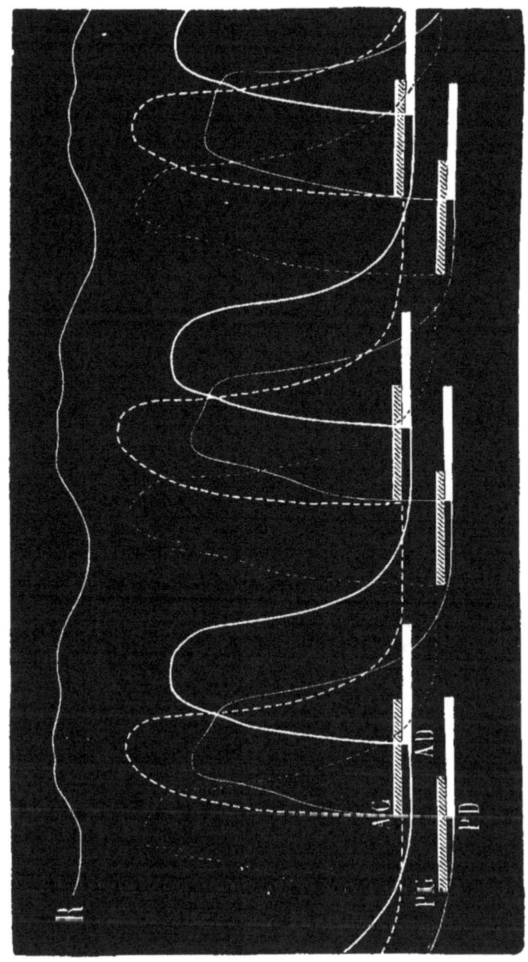

Fig. 15. — Tracés et Notation d'un Galop en trois temps.

Appareils Inscripteurs. Leur Description. Leur Emploi. — Ces explications sommaires une fois données, nous ferons la description des appareils que nous venons de désigner, et nous citerons à peu près textuellement ce que M. Marey a écrit lui-même à ce sujet. (*Machine animale,* pages 154, 155, 156, 157.)

Les appareils inscripteurs destinés à l'étude de la locomotion chez le cheval consistent en chaussures exploratrices ou en appareils explorateurs.

La chaussure exploratrice se compose d'une boule de caoutchouc bourrée de crin et maintenue, sous le sabot de l'animal, par une pièce qui s'adapte à la ferrure. En tournant une vis d'écartement, on fait serrer, sous l'ajusture du fer, trois griffes qui maintiennent le système assez solidement fixé. Une forte bande de caoutchouc embrasse transversalement l'appareil (fig. 16, empruntée aux ouvrages de M. Marey) et loge, dans son épaisseur, la boule bourrée de crin qui fait un léger relief à la surface inférieure du sabot. Quand le pied frappe le sol, la boule de caoutchouc est comprimée et chasse dans les instruments enregistreurs une partie de l'air qu'elle renfermait. Quand le pied se relève, la boule reprend sa forme et rappelle à son intérieur l'air que la pression en avait expulsé.

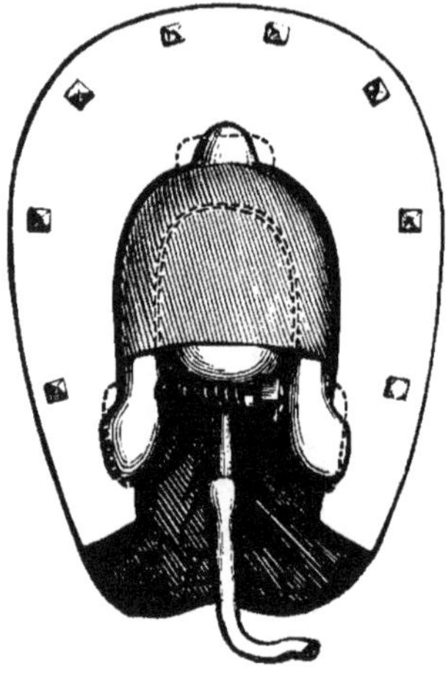

Fig. 16. — Appareil explorateur de la pression du Sabot du Cheval sur le Sol.

Les quatre pieds du cheval sont munis d'une chaussure semblable, à laquelle s'adapte un tube de caoutchouc, et ces quatre tubes de caoutchouc se rendent à un appareil inscripteur à cylindre que le cavalier tient dans la main.

Les appareils explorateurs sont faits d'après les mêmes principes, avec les modifications que comporte leur fonctionnement; ils s'attachent aux canons du cheval.

Sur chaque canon du cheval (fig. 17, empruntée aux ouvrages de M. Marcy) est attaché une sorte de bracelet de cuir lié par des courroies. Au-devant de ce bracelet, qui leur fournit un solide point d'appui, sont établies les différentes pièces de l'appareil. C'est, d'abord, une caisse plate de caoutchouc fortement maintenue en avant du bracelet; cette caisse communique par un tube de transmission avec les appareils enregistreurs. Toute pression exercée sur la caisse de caoutchouc fait, en chassant l'air, mouvoir le style inscripteur correspondant au pied qui a pris terre. Ce style reste soulevé tant que dure l'appui et marque contre le cylindre l'étendue de la durée d'appui. Quatre styles, répondant aux quatre caisses de caoutchouc, sont disposés parallèlement sur une ligne droite, et perpendiculairement à l'axe du cylindre. Il s'agit donc que tous les mouvements des pieds du cheval se traduisent par des pressions sur la caisse de caoutchouc.

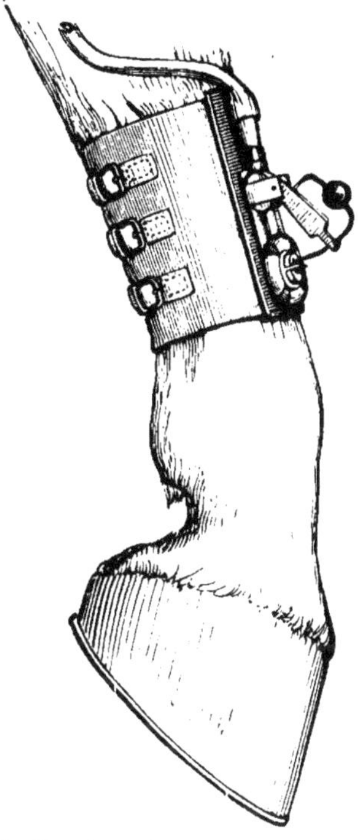

Fig. 17. — Appareil destiné à signaler les Appuis et levers du Sabot du Cheval.

A cet effet, une pièce de cuivre, inclinée à 45 degrés environ, s'articule à son extrémité supérieure par une sorte de charnière, tandis que son extrémité inférieure est reliée par une tige solide à la face antérieure de la caisse de caoutchouc contre laquelle elle s'appuie par l'intermédiaire d'un disque plat. Enfin, sur une tige parallèle à la pièce de cuivre glisse une balle de plomb dont on fait varier la position pour augmenter ou diminuer la pression que ce système articulé exerce sur la caisse de caoutchouc. Quand le sabot rencontre le sol, la balle tend à continuer sa course et comprime brusquement la caisse de caoutchouc. Quand le pied se lève, l'inertie de la balle permet à la caisse comprimée de se gonfler de nouveau.

L'appareil enregistreur peut contenir encore deux autres styles qui sont mis en mouvement par les réactions de la croupe et du garrot.

Fig. 18. — Cette figure représente le Cheval au trot muni des différents appareils explorateurs et le Cavalier portant l'enregistreur des Allures. Sur le Garrot et sur la Croupe sont des appareils explorateurs des réactions.

Pour l'étude des réactions de la croupe et du garrot, M. Marey, dans de récentes expériences, a substitué à cette dernière méthode, dont l'exactitude ne lui paraissait pas parfaite, l'étude photographique des trajectoires de la croupe et du garrot.

Le cavalier tient par le manche l'enregistreur portatif; d'autre part, les pointes des leviers traceurs ne touchant pas le cylindre, il aura dans la main qui tient les rênes une boule de caoutchouc dont la compression, au moment où il voudra obtenir les tracés, amènera les styles au contact du papier. Dès qu'il cessera la compression de cette boule, les pointes s'éloigneront de nouveau du cylindre, et le tracé cessera de se produire. On comptera un pas de l'appui d'un pied à l'appui suivant du même pied.

La figure 18, empruntée aux ouvrages de M. Marey, représente la disposition générale des appareils explorateurs, au moment où le cavalier va recueillir les graphiques d'une allure.

Réflexions sur la Méthode graphique. — Les notations graphiques nous donnent :

1° L'instant de l'appui de chaque membre;

2° L'instant du lever de chaque membre;

3° Par la différence entre l'appui et le lever de chaque membre, l'étendue de la progression de la masse sur chacun d'eux;

4° Le rythme de l'allure, ou la succession dans l'ordre des appuis formant les diverses bases de sustentation;

5° Dans les allures sautées, la période de suspension.

Elles nous permettent donc, en nous faisant connaître la progression de la masse sur l'appui d'un pied au commencement d'un pas, de déterminer la vitesse des pieds par rapport à celle de la masse, relation de vitesse qui peut seule nous donner la position des pieds en l'air pendant l'exécution d'un pas à un instant quelconque de la progression, et sans laquelle la représentation exacte des phénomènes de l'allure ne saurait être rendue. Elles nous donnent aussi les associations des membres à l'appui; mais elles ne nous font connaître ni le genre de pas, ni sa longueur, ni l'étendue des bases, et ne nous indiquent pas aux allures sautées si la suspension est accompagnée ou non de projection. Le relevé des empreintes sur le sol nous donnera seul les renseignements que la méthode graphique ne peut nous fournir. Il nous permettra aussi de déterminer l'attitude au commencement d'un pas. Le relevé de ces empreintes sera donc le complément indispensable des appareils de M. Marey.

La preuve de ce que nous avançons, c'est qu'à certains airs plus ascensionnels que progressifs, au piaffer, par exemple, où les durées d'appui sont égales à celles du trot, et au galop sur place, où se reproduisent les mêmes phénomènes qu'au galop en avant, il ne sera pas possible, avec les notations seules, si l'on n'a pas sous les yeux le plan de terre, de distinguer si l'allure a été sur place ou progressive.

Les figures 19 et 20 représentent les notations du trot et du galop qui sont les mêmes pour le piaffer et le galop sur place.

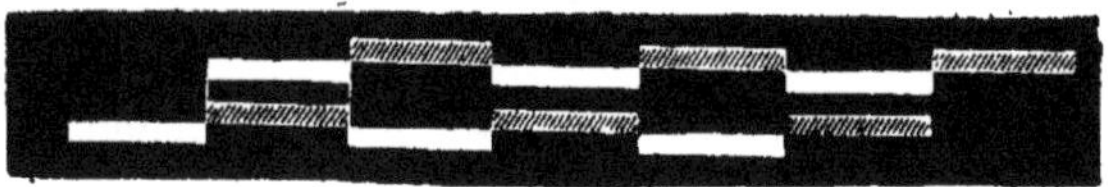

Fig. 19. — Petit Trot. Les Notations sont les mêmes pour le Piaffer.

Manière de se servir des Notations. — Les notations graphiques ont été jusqu'ici employées d'une manière défectueuse : on s'est contenté de les tracer sous les pieds du cheval qui a été représenté au-dessus dans une attitude généralement fausse.

Cela prouve indiscutablement que la méthode graphique seule

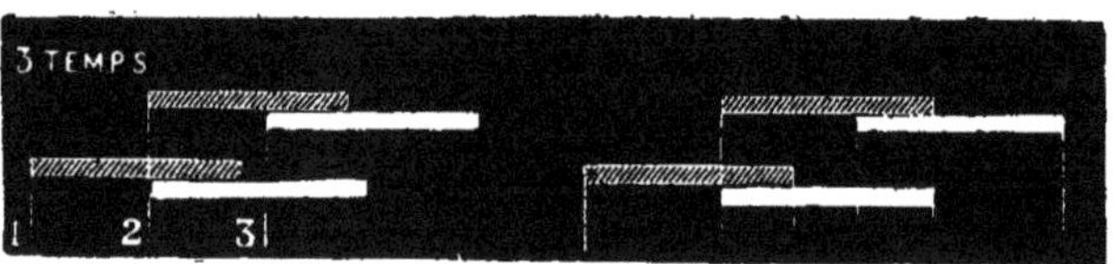

Fig. 20. — Galop en trois Temps. Les Notations sont les mêmes pour le Galop en trois Temps sur place.

est insuffisante pour exprimer l'attitude des membres en l'air et même à l'appui. Ces notations ont donc besoin d'être complétées, comme nous l'avons dit précédemment, par la connaissance du plan de terre, qui seul nous fait connaître le genre de pas, sa longueur, l'étendue des bases, et par l'établissement des vitesses relatives qui permettent, le plan de terre une fois connu, de déterminer l'attitude du cheval au commencement de la progression. Cette attitude déterminée, on peut, avec les notations graphiques et les vitesses relatives seules, établir les diverses attitudes correspondant aux divers instants de la progression. M. Marey a si bien compris que la méthode graphique seule était insuffisante, qu'il a repris, par la chrono-photographie, l'analyse des allures.

Pour ce qui concerne la place donnée aux notations, nous dirons qu'il n'est pas raisonnablement possible qu'elles soient mises sous les pieds de l'animal, attendu que, par la nature de leur inscription, elles ne peuvent se placer sous chacun des pieds formant les diverses bases.

Ainsi, quand une base diagonale est construite, et que les pieds, qui la déterminent, tombent en même temps à l'appui, pour se relever ensemble, comme cela arrive à un temps de trot ou au deuxième temps du galop normal, le tracé fourni par les notations représente deux lignes parallèles de même étendue partant d'un même point et finissant à un point semblable. Les pieds ayant entre eux un écart déterminé, les notations qui leur correspondent ne peuvent se mettre sous chacun d'eux. Ainsi employées, les notations peuvent être appliquées à la marche de l'homme, parce que les appuis sont isolés et se succèdent régulièrement, sans intervalle à une allure marchée, avec intervalle à une allure sautée; mais elles ne sauraient servir à la marche des quadrupèdes, à cause des écarts des pieds construisant les bases. Il est donc absolument nécessaire, dans ce dernier cas, que les notations, pour représenter la progression de la masse, partent d'un centre de mouvement quelconque, soit du centre de mouvement des épaules, soit de celui des hanches. Avec ce système, les erreurs deviennent impossibles, puisque les notations, exprimant la progression de la masse sur des bases quelconques, correspondent exactement à cette progression, et nous donnent l'étendue de celle-ci à un instant quelconque du pas, tandis que les vitesses relatives nous permettent, avec le concours du plan de terre, de déterminer la position des pieds en l'air. Supposons que nous ayons à représenter l'attitude d'un cheval de 1m60, au moment où se fait la première foulée d'un pas de galop normal à droite.

Nous aurons soin d'examiner tout d'abord le plan de terre. Il nous fait connaître (fig. 21) l'étendue du pas, qui est de 3m60; les écarts entre les différentes bases de sustentation, qui sont de 1m20, étendue correspondant à la distance des centres de mouvement.

Le plan de terre nous indique que le cheval se piste. Si l'allure était plus rapide, le relevé des empreintes nous donnerait l'étendue de la projection ou le mépister; si l'allure était moins rapide, le relevé des empreintes nous donnerait des bases moins grandes et le dépister après la suspension.

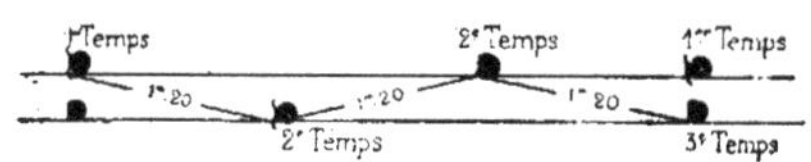

Fig. 21. — Plan de Terre d'un Pas de Galop normal à droite. — Échelle 1/80.

L'étendue du pas de galop étant connue, les notations données par la méthode graphique (fig. 22) nous permettent de déterminer les durées d'appui qui correspondent aux progressions successives de la masse.

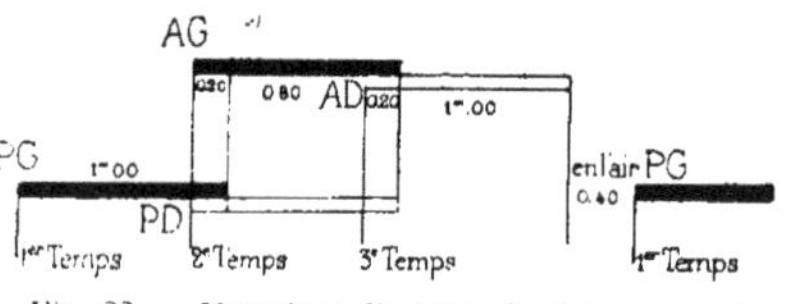

Fig. 22. — Notations d'un Pas de Galop normal à droite. — Échelle 1/80.

Ces notations signifient que, dans ce pas de galop, la masse progresse de la façon suivante :

1er temps,	1re progression.	Base unipédale postérieure gauche.	1m,00
2e temps,	2e progression.	Base tripédale antérieure gauche. .	0m,20
—	3e progression.	Base diagonale gauche.	0m,80
3e temps,	4e progression.	Base tripédale postérieure droite. .	0m,20
—	5e progression.	Base unipédale antérieure droite. .	1m,00
En l'air.	6e progression.	Suspension.	0m,40
		Total.	3m,60

La progression de la masse sur l'appui du pied postérieur gauche au commencement du pas étant de 1m20, les vitesses relatives, que nous apprendrons à établir prochainement, seront les suivantes :

Infer-vitesse de la masse, 1m20/3m60 ou 1/3.

Super-vitesse du pied en l'air, 1m20/2m40 ou 1/2.

Ce qui veut dire que les pieds en l'air vont moitié plus vite que la masse, et que celle-ci va 1/3 moins vite que les pieds.

Le plan de terre et les vitesses relatives connus, il nous sera dès lors facile de déterminer l'attitude exacte du cheval, au

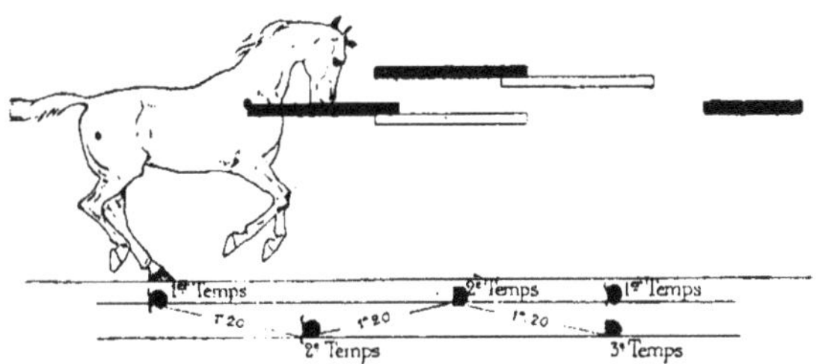

Fig. 23. — Galop normal à droite. Attitude du Cheval au moment de la première Foulée. — Échelle 1/80.

moment de la première foulée du galop normal à droite. Cette attitude est représentée figure 23.

Dans cette figure, les notations graphiques partiront du centre de mouvement des épaules ; le cheval sera placé au-dessus du plan de terre, le postérieur gauche, marquant le premier temps, au-dessus de son empreinte, puisque nous cherchons l'attitude du cheval au moment où ce pied tombe à l'appui.

La position des trois pieds en l'air se détermine comme suit :

Les vitesses relatives établissant que le pied en l'air va moitié plus vite que la masse, et les notations de la figure 22 nous apprenant que le postérieur droit tombe à l'appui lorsque la masse a progressé de 1 mètre sur l'appui du postérieur gauche, le postérieur droit en l'air se trouvera nécessairement, au commencement du pas, à $1^m + 1/2$ ou 1^m50 en arrière de son appui, soit à 0^m30 en arrière du postérieur gauche.

Les deux pieds du diagonal gauche tombant en même temps à l'appui, l'antérieur gauche en l'air se trouvera par la même raison, au commencement du pas, à 1^m50 en arrière de son appui et à une distance de 1^m20 du postérieur droit, puisque le plan de terre nous donne un écart diagonal gauche de 1^m20.

L'antérieur droit en l'air, devant tomber à l'appui lorsque la masse aura progressé de 2 mètres, se trouvera, au commencement du pas, à $2^m + 1/2$ ou 3 mètres en arrière de son appui, soit à 0^m30 en arrière de l'antérieur gauche.

Si maintenant, en partant de l'attitude ci-dessus, on faisait progresser successivement la masse de 0^m01, on aurait 360 attitudes successives et différentes dans le pas complet de galop dont l'étendue est de 3^m60.

Vitesses relatives. — On donne le nom de *vitesses relatives* à la relation qui exprime la différence de vitesse des pieds en l'air et de la masse, pendant une progression simultanée.

Les vitesses relatives ne peuvent s'établir que par la connaissance de la quantité de progression de la masse sur l'appui d'un pied au commencement d'un pas de pas, de trot, de galop, d'une longueur déterminée. Cette progression de la masse sur l'appui d'un pied au commencement d'un pas s'appelle *progression isolée.*

La masse et les pieds parcourant la même distance pendant la durée totale d'un pas, il sera facile, dès que l'on connaîtra l'avance prise par la masse sur l'appui du pied entamant l'allure, de déterminer la vitesse supérieure dont doit être animé ce pied pour arriver en même temps que la masse à la fin du pas.

Cette vitesse sera naturellement la même pour chaque pied en l'air pendant toute la durée du pas.

La progression isolée n'est donc que la différence entre deux étendues comparées à parcourir simultanément. Cette différence permet de déterminer la vitesse avec laquelle ces étendues inégales doivent être parcourues.

La masse, progressant d'une manière constante, sera toujours animée d'une moindre vitesse que les pieds en l'air. Ceux-ci, à cause du temps qu'ils perdent pendant leur période d'appui, progressent d'une façon intermittente, ce qui les oblige à se mouvoir avec une vitesse plus grande pour rattraper l'avance prise sur eux par la masse.

Nous appellerons *super-vitesse* du pied, par rapport à la vitesse de la masse, le nombre entier ou fractionnaire qui indique de combien le pied avance plus vite que la masse.

Nous désignerons sous le nom d'*infer-vitesse* de la masse, le nombre entier, ou fractionnaire, qui exprime le degré de moindre vitesse de la masse par rapport à celle du pied.

Pour établir ces degrés de vitesse, il suffira de connaître l'étendue de la progression isolée, dont on fera le numérateur de deux fractions, qui auront pour dénominateurs les deux étendues différentes restant à parcourir par la masse et les pieds simultanément.

Pour bien faire comprendre ce qui nous a amené à adopter ce système, nous donnons, à la page suivante, un tableau explicatif de vitesses relatives.

Tableau synoptique des Notations représentant les Allures marchées désignées dans le Cadran hippique. — Avant de terminer notre travail sur les allures marchées, nous donnerons (fig. 24) le tableau synoptique des notations représentant les allures marchées désignées dans le cadran hippique.

Ces notations indiquent que, à toutes les allures marchées, la progression de la masse pendant la durée d'appui de chaque pied est égale à la moitié de la longueur du pas ou de l'enjambée, ce qui nous donne, la longueur de l'enjambée normale étant de 1^m80,

TABLEAU DE VITESSES RELATIVES. (Voir p. 95).

TRAJET DE SEPT LIEUES

A part le premier. B lui donne 3 lieues d'avance.

Progression isolée. 3 — { Avance pour A + 3 lieues / Retard pour B — 3 lieues }

A a encore à faire. . . 4 lieues } Progression simultanée { A 4 }
B part le second ; il fait 7 lieues } { B 7 }

Quelles sont les vitesses relatives de A et de B pour arriver en même temps?

Pendant que A parcourt les 4 dernières lieues B en fait 7	Pendant que A parcourt la 4e lieue, B fait 1 lieue + 3/4 de lieue
	— — 5e lieue, B — 1 lieue + 3/4 —
	— — 6e lieue, B — 1 lieue + 3/4 —
	— — 7e lieue, B — 1 lieue + 3/4 —
	Super-vitesse de B sur A : 3/4
	A a fait 4 lieues + Avance 3 = 7.
	B a fait 4 lieues + 12/4 ou 3 lieues = 7 lieues.
	B *marche 3/4 plus vite que* A *pour arriver en même temps.*

Pendant que B parcourt 7 lieues A n'en fait que 4, mais il a une avance de 3 Total : 7 lieues.	Pendant que B parcourt la 1re lieue, A fait 1 lieue — 3/7 de lieue
	— — 2e lieue, A — 1 lieue — 3/7 —
	— — 3e lieue, A — 1 lieue — 3/7 —
	— — 4e lieue, A — 1 lieue — 3/7 —
	— — 5e lieue, A — 1 lieue — 3/7 —
	— — 6e lieue, A — 1 lieue — 3/7 —
	— — 7e lieue, A — 1 lieue — 3/7 —
	Infer-vitesse de A sur B : 3/7
	B a fait 7 lieues.
	A a fait 7 lieues — 21/7 ou 3 lieues = 4 lieues.
	A *marche 3/7 moins vite que* B *pour arriver en même temps.*

L'*Avance* ou la progression isolée 3 de A sur sa *Progression simultanée* 4 donne la *Super-vitesse* de B ou 3/4.

Le *Retard* de B ou 3 sur sa *Progression simultanée* 7 donne l'*Infer-vitesse* de A ou 3/7.

une progression isolée de 0^m90, et nous permet d'établir les vitesses relatives suivantes :

Masse : infer-vitesse, $0^m90/1^m80$ ou 1/2 ; pieds : super-vitesse, $0^m90/0^m90$ ou 1/1.

Ce qui veut dire qu'à toutes les allures marchées la masse va moitié moins vite que le pied en l'air, qui progresse avec une vitesse une fois plus grande que la masse.

Ce tableau nous indique aussi que, pour se mettre de l'amble au petit trot, le cheval, passant par divers genres de pas, rac-

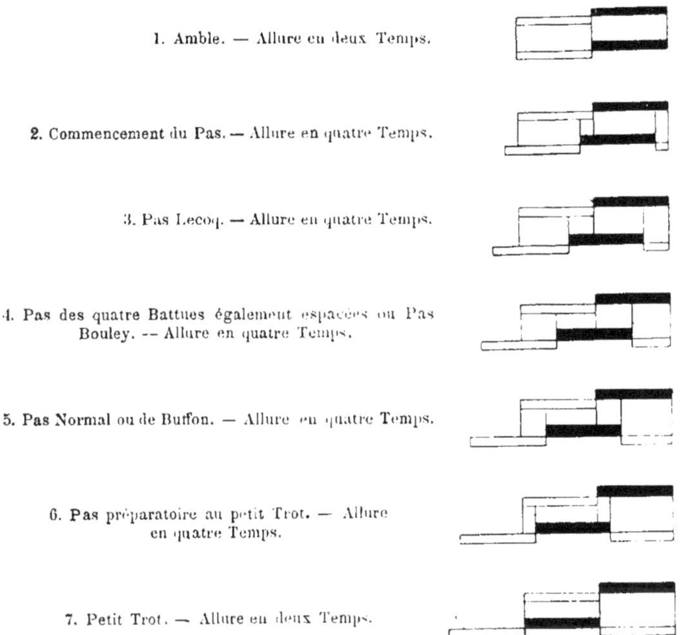

Fig. 24. — Tableau synoptique des Notations représentant les allures Marchées désignées dans le Cadran hippique. — Échelle 1/80.

courcit successivement ses enjambées postérieures d'une quantité déterminée, correspondant à une étendue équivalant à une demi-période de la progression de la masse ou égale au 1/12 de l'enjambée; et que, pour passer du petit trot à l'amble, il allonge successivement ses enjambées postérieures d'une quantité correspondant à une demi-période de la progression de la masse ou égale au 1/12 de l'enjambée.

CHAPITRE XI

DU CENTRE DE GRAVITÉ

ous consacrerons le dernier chapitre de la première partie de cet ouvrage à une étude concernant le centre de gravité.

On appelle centre de gravité le point central des forces parallèles de la pesanteur.

Le centre de gravité du cheval a été déterminé par divers auteurs d'une façon différente.

Borelly, dans son remarquable ouvrage, *de Motu animalium,* écrit en 1633, le fixa au milieu de la base de sustentation régulière, c'est-à-dire au milieu de la base qui se trouve au-dessous des centres de mouvement.

Plus tard, M. Lecoq, vétérinaire, et M. Vallon, l'auteur du *Cours d'hippologie,* le fixèrent au tiers antérieur de la même base de sustentation.

Dans les deux cas, le centre de gravité se trouve diversement placé.

Si, d'après le système de Borelly, nous élevons sur notre cheval-type de $1^{m}60$, (fig. 25, position 1), une verticale au milieu de la base de sustentation régulière de $1^{m}20$, nous voyons que le centre de gravité tombe à $0^{m}06$ en arrière du milieu de la longueur du corps, mesuré de la pointe des épaules à la pointe des fesses.

Si, d'après le système de MM. Lecoq et Vallon, nous élevons une verticale au tiers antérieur de la base de sustentation, (position 2), le centre de gravité tombe à 0m20 en avant du milieu de la base et à 0m14 en avant du milieu de la longueur du corps.

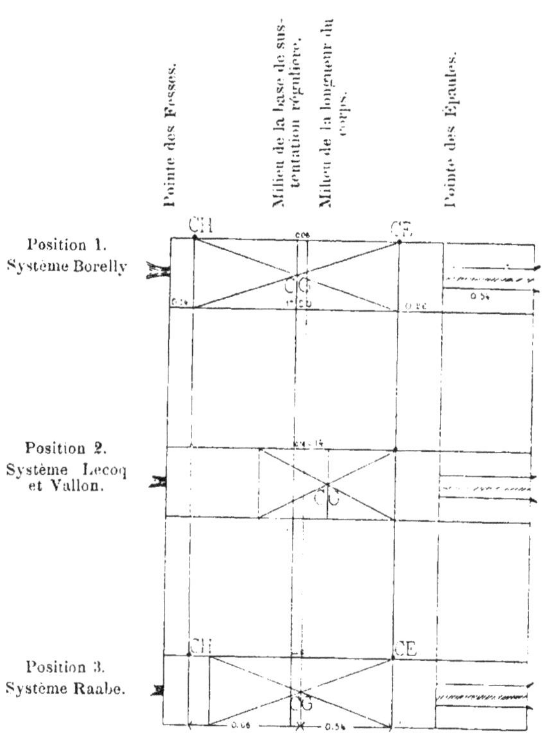

Fig. 25. — Centre de gravité. — Echelle 1/10.

Avant d'examiner si le centre de gravité a été bien ou mal déterminé par ces écrivains, recherchons par quel moyen on peut arriver à déterminer sa position.

Le centre de gravité, se trouvant au point correspondant à la moitié du poids de deux parties, ne peut être déterminé que par la connaissance de ces poids. Si, par exemple, nous avons une tige de 10 kilogrammes, composée de dix parties égales en étendue et en poids, le centre de gravité se trouvera au milieu de la tige et chacune des étendues, se trouvant à droite et à gauche de ce point central, multipliée par son poids donnera une quantité semblable. Mais que l'on ajoute à cette tige une nouvelle partie égale au 1/10 de son étendue et de son poids, le centre de gravité se déplacera immédiatement de 1/20 pour se trouver au milieu de la tige augmentée.

La position du centre de gravité dépendant des poids et non des étendues, si, sans augmenter la longueur de la tige, nous nous contentons de la surcharger antérieurement de 1/10, le centre de gravité s'avancera de 1/20 et se trouvera au milieu d'une base nouvelle formée par le raccourcissement postérieur de 1/10 de la base primitive. Si le poids postérieur était augmenté de 1/10, le centre de gravité se déplacerait en arrière de 1/20 et se trouverait au milieu d'une base formée par le raccourcissement antérieur de 1/10.

L'on peut donc conclure de ce qui précède, qu'en réduisant une base quelconque d'une quantité équivalente à son surpoids, postérieurement quand le surpoids est antérieur, antérieurement quand le surpoids est postérieur, le centre de gravité, après s'être déplacé d'une quantité correspondant à la moitié de ce surpoids, se trouve au milieu de la base postérieurement ou antérieurement raccourcie.

C'est par ce raisonnement bien simple que le capitaine Raabe est arrivé à déterminer exactement la position du centre de gravité, en se servant des pesées faites précédemment par M. Vallon avec des chevaux de même taille, pesées d'après lesquelles la surcharge moyenne de l'avant-main est de 1/9 ou de 1/10. (*Cours d'hippologie*, tome Ier, page 105).

Le centre de gravité se trouvant nécessairement à un point quelconque de la base de sustentation régulière, si, sans tenir compte de la différence de longueur entre l'avant-main et l'arrière-main, nous considérons les pieds antérieurs et postérieurs comme les deux plateaux d'une balance, nous dirons avec certitude que si le poids de l'avant-main était égal à celui de l'arrière-main, le centre de gravité se trouverait au milieu de ces deux plateaux, soit au milieu de la base de sustentation régulière de 1m20.

D'après les pesées de M. Vallon, le poids de l'avant-main excédant de 1/10 environ celui de l'arrière-main, nous n'aurons donc, pour déterminer le centre de gravité du cheval au repos, qu'à raccourcir postérieurement la base de sustentation de 1/10, ce qui fera avancer le centre de gravité de 1/20 et le placera au milieu de la nouvelle base formée par le raccourcissement postérieur de la première, soit juste au milieu de la longueur du corps. Le centre de gravité ainsi déterminé se trouve, d'après le capitaine Raabe, (position 3), à 0^m06 en avant du milieu de la base de sustentation, à 0^m66 en avant du centre de mouvement des hanches, à 0^m54 en arrière du centre de mouvement des épaules.

Si nous plaçons sous chacune des deux bases les poids qui leur sont respectifs, nous aurons au-dessous de l'étendue de 0^m66, (le poids total étant de 450 kilos), 202 1/2 kil., et sous l'étendue de 0^m54, 247 1/2 kil. Chacune de ces étendues multipliée par le poids à elle afférent donnera des quantités égales.

Quant à la théorie de MM. Lecoq et Vallon, elle est inadmissible. D'après ces auteurs, le centre de gravité étant au 1/3 antérieur de la base de sustentation régulière se trouverait au milieu d'une base formée par le raccourcissement postérieur de 1/3 de la dite base, ce qui donnerait à l'avant-main un excédent de 1/3, par suite un poids de 300 kil. devant, de 150 kil. derrière, ce qui est impossible.

A toutes les allures marchées normales, le centre de gravité ne pourra jamais dépasser l'extrémité d'une base. Quand il arrivera à la fin d'une base, un pied antérieur en l'air devra tomber immédiatement à l'appui pour retenir la masse prête à tomber. Toutes les fois que, pendant la marche, le centre de gravité dépassera l'extrémité d'une base, l'allure ne sera plus normale ; elle sera forcée, et le cheval sera sur les épaules.

DEUXIÈME PARTIE

ALLURES SAUTÉES

CHAPITRE PREMIER

TROT — ALLURE EN DEUX TEMPS

DIVERS TROTS

E trot est une allure en deux temps, marchée ou sautée, et en diagonale.

Elle est marchée, quand il n'y a ni suspension ni projection : au petit trot, par exemple.

Elle est sautée à tous les autres trots.

Le trot peut cependant être une allure en quatre temps, au trot de course, par exemple, appelé aussi *flying-trot,* allure à laquelle le cheval, au lieu de poser en même temps sur le sol les deux pieds d'un diagonal, pose le postérieur avant l'antérieur.

Le même phénomène se produit dans le traquenard, le cheval, à cette allure, tombant à l'appui, comme dans le flying-trot, sur le postérieur d'un diagonal, avant de tomber sur l'antérieur. Il n'y a entre ces deux allures qu'une période de projection moindre et une différence de vitesse.

Ainsi que nous l'avons dit précédemment, dans le chapitre des allures marchées, le cheval se déjuge au petit trot de $0^{m}30$ et fait des enjambées de $1^{m}80$.

Au trot normal, le cheval se juge; et c'est précisément pour permettre à un pied postérieur de couvrir en latéral l'empreinte d'un pied antérieur que la masse et les pieds ont une période de suspension.

D'après les notations graphiques d'un de ces pas de trot normal observé par M. Marey, cette période de suspension est de 0m20 pour chaque demi-pas, c'est-à-dire que la masse, pour parcourir les 2m40 qu'elle a à faire dans un pas complet de trot, comme chaque pied, progresse :

A l'appui sur un diagonal	1m00
En l'air	0m20
A l'appui sur l'autre diagonal.	1m00
En l'air	0m20
Total.	2m40,

étendue de la progression à chaque pas.

Au trot normal, il n'y a donc qu'une période de suspension qui permet à l'animal de se juger; à un trot plus allongé, la masse est projetée plus en avant, et le cheval se méjuge. A ce dernier genre d'allure, la période de suspension est accompagnée d'une période de projection.

Un de ces trots allongés, observé par M. Marey, a donné les résultats suivants :

Masse à l'appui sur un diagonal	1m20
Masse en l'air.	0m20
Masse à l'appui sur l'autre diagonal. . .	1m20
Masse en l'air	0m20
Soit.	2m80,

étendue de la progression de la masse dans ce pas de trot.

L'étendue de l'enjambée de chaque membre dans ce pas de trot est, par suite, de 2m80;

Le méjuger est de 0m20, d'après les empreintes relevées sur le sol;

Les écarts diagonaux sont de 1^{m}20, comme au petit trot et au trot normal.

On pourrait obtenir un grand nombre de trots allongés avec des projections différentes ; qu'il nous suffise d'en consigner un.

Le trot de course, ou flying-trot, est une allure sautée en quatre temps, avec projection.

A ce trot, l'enjambée de chaque membre est de 3^{m}60 ; les écarts diagonaux sont de 1^{m}40 ; le méjuger est de 0^{m}40.

Les notations graphiques de M. Marey ont donné pour un trot de ce genre les résultats suivants :

Masse à l'appui sur chaque diagonal :

1. — DIAGONAL DROIT

Masse à l'appui sur PG	0^{m}20
Masse à l'appui sur le diagonal droit. .	1^{m}00
Masse à l'appui sur AD	0^{m}20
Masse en l'air	0^{m}40
Total.	1^{m}80

2. — DIAGONAL GAUCHE

Masse à l'appui sur PD	0^{m}20
Masse à l'appui sur le diagonal gauche. .	1^{m}00
Masse à l'appui sur AG	0^{m}20
Masse en l'air	0^{m}40
Total.	1^{m}80

L'étendue de la progression de la masse dans ce pas de trot est donc de 3^{m}60, comme l'enjambée de chaque membre.

CHAPITRE II

TROT NORMAL EN DEUX TEMPS

ous avons vu précédemment que le petit trot était une allure marchée, le trot normal une allure sautée.

Les empreintes relevées sur le sol au trot normal nous donnent, (fig. 26), un écart latéral d'un pied au même pied, de $2^{m}40$: c'est la longueur de l'enjambée; et un écart entre les deux pieds d'un diagonal de $1^{m}20$.

Les notations graphiques, ayant trait à un de ces trots, indiquent que la progression isolée est de 1 mètre sur chaque diagonal, et qu'elle est suivie d'une suspension de $0^{m}20$.

Ces indications données, nous élèverons sur le diagonal droit à l'appui deux pendules renversés de 1 mètre d'amplitude.

La progression isolée de la masse étant de 1 mètre, nous déterminerons immédiatement les vitesses relatives des pieds et de la masse, en mettant la progression isolée sur les deux progressions simultanées, soit :

Masse : Infer-vitesse, $1^{m}00/2^{m}40$ ou 5/12;

Pieds en l'air : Super-vitesse, $1^{m}00/1^{m}40$ ou 5/7.

Ce qui veut dire que la masse va 5/12 moins vite que les pieds en l'air, qui vont 5/7 plus vite.

Ces vitesses relatives vont nous permettre de déterminer la position du diagonal gauche en l'air, depuis le moment où le diagonal droit est tombé à l'appui jusqu'au moment où il tombera lui-même à l'appui à son tour.

Attitude 1. Au moment où le diagonal droit, en tombant à l'appui, marquait le premier temps du pas de trot qui commence, la masse dont nous ferons commencer la progression à C H, centre de mouvement des hanches, avait fait précédemment $0^{m}20$ en l'air pendant la période de suspension. Pendant cette période de suspension, la vitesse du pied en l'air étant, d'après les vitesses relatives établies, de 5/7 plus grande, le diagonal gauche en l'air progressait de $0^{m}20$ + 5/7 ou $0^{m}1428 = 0^{m}3428$, soit $0^{m}35$ pour faire un chiffre rond.

Au moment où le diagonal droit tombe à l'appui, les deux pieds du diagonal gauche en l'air se trouvent donc à $0^{m}35$ en avant de leur précédent appui : c'est ce que représente la figure 1, et il ne leur restera plus que $2^{m}05$ à parcourir pour terminer leur enjambée de $2^{m}40$.

De même, quand le diagonal gauche tombera à l'appui, les deux pieds du diagonal droit en l'air, ayant progressé de $0^{m}35$ pendant la suspension qui aura précédé l'appui du diagonal gauche, se trouveront à $0^{m}35$ en avant de leur précédent appui.

Maintenant que nous connaissons l'attitude du cheval, au moment où le diagonal droit tombe à l'appui, examinons quelles sont les progressions simultanées de la masse et des pieds depuis la fig. 1.

Attitude 2. — C H progresse de $1^{m}00$ sur l'appui du diagonal droit; le diagonal gauche en l'air de $1^{m}00$ + 5/7 ou $0^{m}7140 = 1^{m}7140$, soit en chiffres ronds $1^{m}70$; le diagonal droit va quitter terre, la suspension va commencer, la masse en l'air va progresser de $0^{m}20$.

Attitude 3. — C H progresse en l'air de $0^{m}20$; les quatre pieds en l'air de $0^m20 + 5/7 = 0^m35$. La suspension est finie. Le dia-

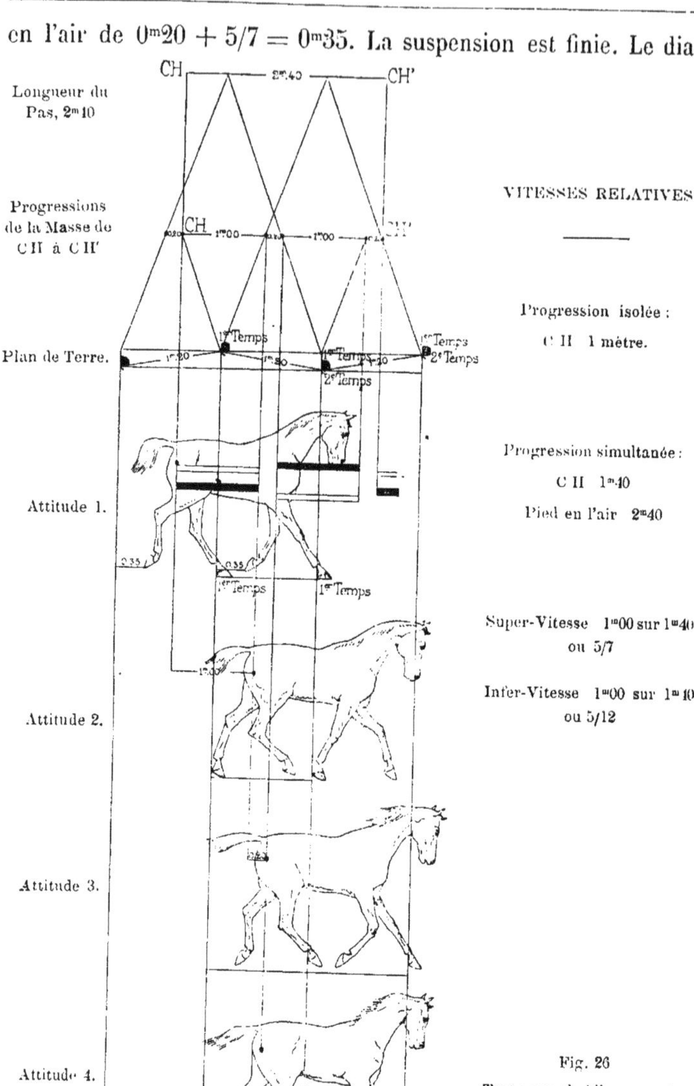

Fig. 26
Trot normal. Allure sautée en deux Temps avec suspension simple.
Échelle 1/80.

gonal gauche va tomber à l'appui à la fin de cette progression.

Attitude 4. — Le diagonal gauche tombe à l'appui dans l'attitude précédente et marque le deuxième temps du pas de trot. Le cheval se juge.

La première moitié du pas est terminée; la deuxième commence avec le deuxième temps.

Les phénomènes qui se sont produits pendant la durée du premier demi-pas se reproduiront dans le second demi-pas. C'est pour ce motif que nous ne donnons pas les attitudes du deuxième temps.

Si nous faisons la récapitulation des progressions, nous voyons que la masse et chacun des pieds ont parcouru 2m40 pendant la durée d'un pas complet de trot normal.

RÉCAPITULATION DES PROGRESSIONS

	MASSE	DIAGONAL GAUCHE	DIAGONAL DROIT
1° Masse à l'appui.	1m00		Appui
Diagonal gauche en l'air.		1m70	
Masse en l'air.	0m20		
4 pieds en l'air.		0m35	0m35
2° Masse à l'appui.	1m00	Appui	
Diagonal droit en l'air. .			1m70
Masse en l'air.	0m20		
4 pieds en l'air.		0m35	0m35
	2m40	2m40	2m40

CHAPITRE III

GRAND TROT

OUS n'avons jusqu'ici observé que deux genres de trot, le petit trot, allure marchée, le trot normal, allure sautée, ce dernier ayant une période de suspension simple.

A tous les trots plus allongés que le trot normal, la période de suspension est accompagnée de projection ; c'est-à-dire que le cheval, au lieu de se juger, se méjuge.

Les notations graphiques nous font connaître les phénomènes qui se produisent dans un de ces trots. Ces phénomènes sont les suivants :

Diagonal droit à l'appui. .	$1^{m}20$	Progressions successives de la masse à l'appui et en l'air
Masse en l'air.	$0^{m}20$	
Diagonal gauche à l'appui.	$1^{m}20$	
Masse en l'air.	$0^{m}20$	
Longueur du pas.	$2^{m}80$	

La progression isolée de la masse étant connue, nous déterminons les vitesses relatives suivantes :

Masse : Infer-vitesse, $1^{m}20$ sur $2^{m}80$ ou 3/7.

Pieds en l'air : Super-vitesse, $1^{m}20$ sur $1^{m}60$ ou 3/4.

Ces vitesses établies, nous placerons le cheval à l'appui sur le diagonal droit (fig. 27, attitude 1), et nous examinerons par quelles attitudes il passe pendant la progression de la masse dans la première moitié du pas. Nous ne nous occuperons que du premier demi-pas, parce que les phénomènes qui se produisent dans la première partie du pas se reproduisent exactement dans la deuxième, sur l'appui du diagonal gauche et en l'air.

Attitude 1. — Le diagonal droit tombe à l'appui et marque le premier temps.

Le plan de terre nous indique que l'écart entre les deux pieds de chaque diagonal est de 1^m20; le méjuger de 0^m20; la longueur du pas de 2^m80.

Avec ces données, il nous est facile de déterminer la position des pieds du diagonal gauche en l'air au commencement du pas.

Le diagonal droit étant tombé à l'appui quand la masse, que nous faisons progresser de C E, vient de faire 0^m20 en l'air, les deux pieds du diagonal gauche en l'air ont parcouru pendant cette période de suspension $0^m20 + 3/4$ ou 0^m35. Ils se trouvent donc au commencement du pas à 0^m35 en avant de leur précédent appui, et à une distance l'un de l'autre de 1^m20.

Attitude 2. — Dans la première progression, C E parcourt 1^m20 sur l'appui du diagonal droit; le diagonal gauche en l'air progresse de $1^m20 + 3/4$ ou 2^m10.

La suspension commence à la fin de cette progression.

Attitude 3. — C E en l'air progresse de 0^m20.

Les quatre pieds en l'air progressent de $0^m20 + 3/4$ ou 0^m35.

La suspension est finie.

Attitude 4. — La suspension finie, le diagonal gauche tombe à l'appui dans l'attitude précédente, et marque le deuxième temps du pas dont la première moitié vient d'être exécutée. Sur l'appui du diagonal gauche se reproduiront les mêmes phénomènes que sur l'appui du diagonal droit; et le pas sera terminé quand celui-ci tombera de nouveau à l'appui.

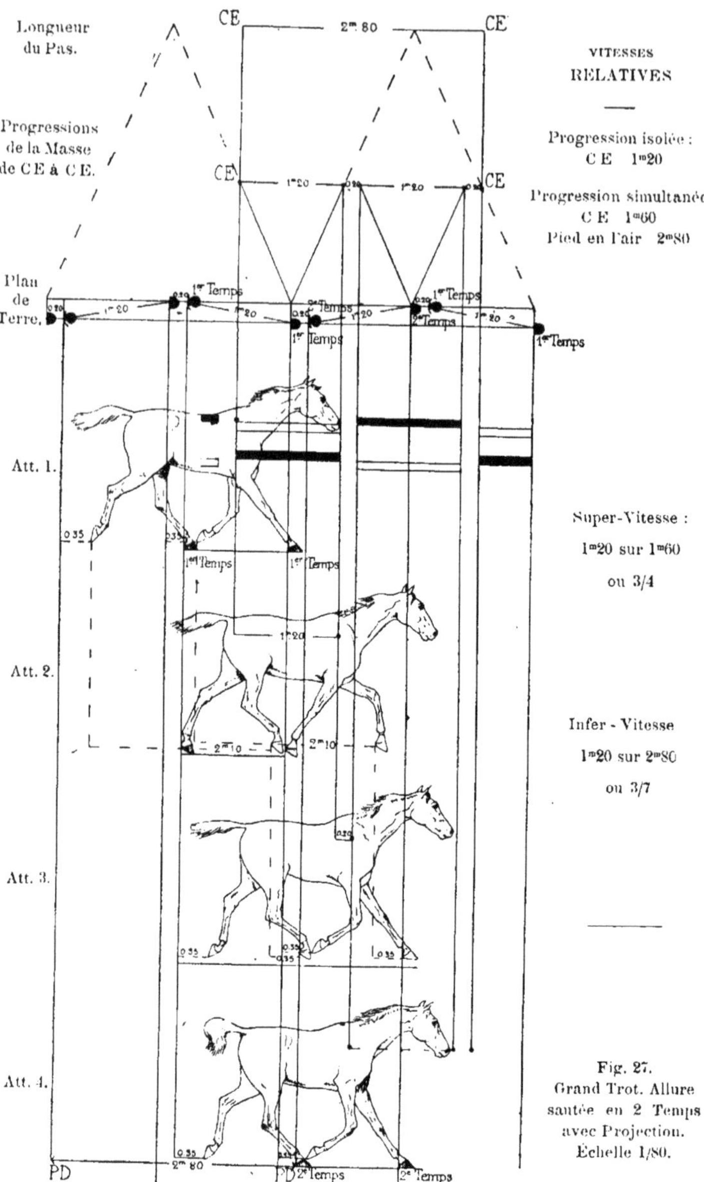

Fig. 27.
Grand Trot. Allure sautée en 2 Temps avec Projection.
Échelle 1/80.

Si nous additionnons les progressions du pas complet de trot, nous verrons que la masse et chacun des pieds ont parcouru 2m80 pendant la durée totale du pas.

RÉCAPITULATION DES PROGRESSIONS

	DIAGONAL GAUCHE	DIAGONAL DROIT	C E
1° C E à l'appui.		Appui	1m20
Diagonal gauche en l'air.	2m10		
C E en l'air.			0m20
4 pieds en l'air.	0m35	0m35	
2° C E à l'appui.	Appui		1m20
Diagonal droit en l'air. .		2m10	
C E en l'air.			0m20
4 pieds en l'air.	0m35	0m35	
	2m80	2m80	2m80

CHAPITRE IV

GRAND TROT ROMPU OU FLYING-TROT

Plan de Terre. — Notations graphiques. — Vitesses relatives. — Pendules renversés. — Position des pieds au commencement du Pas. — Progressions successives de la Masse et des Pieds dans un Pas complet de Flying-Trot.

E grand trot rompu ou trot de course, appelé aussi flying-trot, est un trot en quatre temps. C'est une allure très rapide, à laquelle les deux pieds d'un diagonal, au lieu de tomber à l'appui simultanément, touchent le sol l'un après l'autre, le postérieur avant l'antérieur. Cet appui du membre postérieur précédant celui du membre antérieur donne à la masse une impulsion plus grande, et permet à l'enjambée antérieure de construire une base plus grande; de même qu'aux allures raccourcies, l'antérieur d'un diagonal tombant à l'appui avant le postérieur diminue la vitesse de l'allure en diminuant l'étendue des bases. C'est ce que nous verrons dans le petit galop ralenti en quatre temps.

Les empreintes relevées sur le sol (fig. 28) nous indiquent que l'écart entre les deux pieds d'un diagonal est de 1m40; le méjuger de 0m40; la longueur du pas de 3m60.

Les notations graphiques nous font connaître que la masse, prise à CE par exemple, progresse du commencement à la fin du pas de la façon suivante :

DIAGONAL DROIT

	0m20	sur le postérieur gauche.
	1m00	sur le diagonal droit.
	0m20	sur l'antérieur droit.
	0m40	en l'air.
Soit. .	1m80	dans la première moitié du pas.

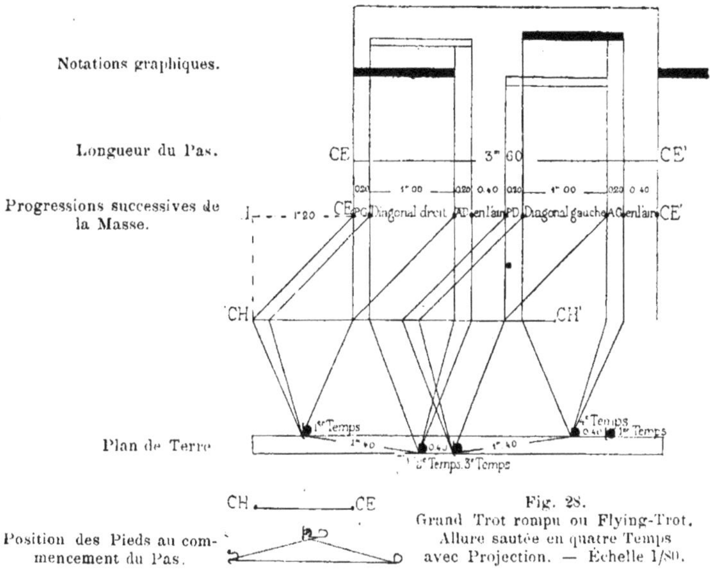

Fig. 28.
Grand Trot rompu ou Flying-Trot.
Allure sautée en quatre Temps avec Projection. — Échelle 1/80.

DIAGONAL GAUCHE

	0m20	sur le postérieur droit.
	1m00	sur le diagonal gauche.
	0m20	sur l'antérieur gauche.
	0m40	en l'air.
Soit. .	1m80	dans la deuxième moitié du pas.

La progression isolée de 1^m20 étant connue, nous avons les vitesses relatives suivantes :

Pied en l'air, super-vitesse : $1^m20/2^m40$ ou 1/2;

Masse, infer-vitesse : $1^m20/3^m60$ ou 1/3.

Le pied en l'air va 1/2 plus vite que la masse;

La masse va 1/3 moins vite que le pied en l'air.

Les notations graphiques nous faisant connaître les progressions successives de la masse sur les divers appuis des pieds, nous permettent d'élever sur les empreintes relevées sur le sol des pendules renversés d'une amplitude égale au parcours effectué par la masse sur chaque pied pendant la durée du pas. La durée d'appui de chaque pied correspondant à une progression de la masse de 1^m20, le pendule renversé élevé sur chaque pied aura 1^m20 d'amplitude.

Ces pendules une fois tracés, nous déterminerons la position de C E, que nous prendrons comme point de départ de la progression de la masse, progression représentée par C E, C E'. C E se trouvant à 1^m20 de C H, sa position sera déterminée en élevant une verticale de la fin de l'oscillation du pendule renversé élevé sur l'appui du postérieur gauche.

La distance entre C E, C E' sera de 3^m60, longueur du pas, étendue que la masse et les pieds doivent parcourir dans le même temps.

Dès que le postérieur gauche tombe à l'appui et marque le premier temps du pas, la progression de la masse commence. Elle sera de 1^m20 pendant la durée totale de l'appui du postérieur gauche; mais dès que la masse aura parcouru 0^m20 sur l'appui de cette base unipédale postérieure gauche, l'antérieur droit, tombant à l'appui à son tour, marquera le deuxième temps du pas; et la progression commencée sur le postérieur gauche se continuera sur la base diagonale droite. Elle sera de 1 mètre sur cette nouvelle base.

Après cette progression, l'oscillation du pendule renversé élevé sur le postérieur gauche étant terminée, nous joindrons par trois lignes obliques les points d'oscillation de ce pendule correspondant aux points de la progression de la masse : la première, partant du commencement de l'oscillation, rejoindra le commencement de la progression; la deuxième, partant de l'oscillation de 0^m20, rejoindra le point correspondant à la progression de 0^m20; la troisième rejoindra la fin de l'oscillation au point correspondant à la progression de 1 mètre.

Dès que le pendule renversé élevé sur l'antérieur droit aura oscillé de 1 mètre, le postérieur gauche ayant levé, la base diagonale droite sera détruite et remplacée par la base unipédale antérieure droite, sur laquelle la masse progressera de 0^m20, pendant l'oscillation correspondante du pendule renversé. Cette oscillation finie, la masse aura terminé sa progression de 1^m40 sur l'appui total des deux pieds du diagonal droit; et nous joindrons les divers points de l'oscillation du pendule renversé antérieur droit aux points correspondants de la progression de la masse, en élevant jusqu'à C E trois verticales partant, la première du commencement de l'oscillation, la deuxième du point correspondant à l'oscillation de 1 mètre, la troisième de la fin de l'oscillation.

Les notations graphiques nous indiquent qu'à ce moment le méjuger de 0^m40 que nous relevons sur le sol, entre l'appui de l'antérieur droit et celui du postérieur droit, correspond à la période de suspension de la masse. Cette suspension finie, le postérieur droit tombe à l'appui et marque le troisième temps. Le premier demi-pas est terminé; le deuxième demi-pas commence et se fera sur les appuis successifs des pieds du diagonal gauche. Il présentera les mêmes phénomènes que le premier demi-pas.

L'on reliera, de la même façon que précédemment, les divers points de l'oscillation des deux pendules renversés élevés sur les pieds du diagonal gauche aux points correspondants de la progression de la masse sur ces nouvelles bases.

Les vitesses relatives et le plan de terre étant connus, il nous sera facile de déterminer la position des trois pieds en l'air au commencement du pas, au moment où le postérieur gauche tombe à l'appui.

1° *Antérieur droit.* — La vitesse du pied étant de moitié plus grande que celle de la masse, l'antérieur droit, tombant à l'appui quand C E a déjà progressé de $0^{m}20$, se trouve, au commencement du pas, à $0^{m}30$ en arrière de son appui.

2° *Postérieur droit.* — Le postérieur droit, tombant à l'appui quand C E a progressé de $1^{m}80$, se trouve, au commencement du pas, à $2^{m}70$ en arrière de son appui.

3° *Antérieur gauche.* — L'antérieur gauche, tombant à l'appui quand C E a progressé de 2 mètres, se trouve, au commencement du pas, à 3 mètres en arrière de son appui.

Remarque. — Le flying-trot ne présente jamais de bases latérales, comme cela a lieu à l'amble rompu. Ces deux allures sont donc essentiellement différentes, quoiqu'on les ait souvent confondues.

Au flying-trot, la base est toujours unipédale ou diagonale, tandis qu'à l'amble rompu, les bases sont successivement diagonales et latérales.

Progressions successives de la Masse et des Pieds dans un Pas complet de Flying-Trot. — Les notations graphiques, le plan de terre et les vitesses relatives, nous ont permis de déterminer l'attitude exacte du cheval au commencement du pas. Cette attitude connue, les notations graphiques et les vitesses relatives seules nous suffiront pour établir les attitudes successives aux divers instants de la progression de la masse sur l'appui de chaque base et en l'air.

Nous donnons (fig. 29) les positions successives du cheval pendant la progression de la masse dans un pas complet de flying-trot, de C E à C E'.

Attitude 1. — Premier temps.

Le postérieur gauche tombe à l'appui et construit la base unipédale postérieure gauche.

Attitude 2. — Deuxième temps.

L'antérieur droit tombe à l'appui et détermine la base diagonale droite.

Progressions sur la base précédente : C E $0^{m}20$.

Pieds en l'air : $0^{m}30$.

Attitude 3. — Base unipédale antérieure droite.

Progressions sur la base précédente : C E $1^{m}00$.

Diagonal gauche en l'air : $1^{m}50$.

Attitude 4. — La suspension commence.

Progressions sur la base précédente : C E $0^{m}20$.

Pieds en l'air : $0^{m}30$.

Attitude 5. — La suspension est finie.

Progressions pendant la suspension : C E en l'air $0^{m}40$.

Pieds en l'air : $0^{m}60$.

Attitude 6. — Troisième temps.

Le postérieur droit tombe à l'appui. Base unipédale postérieure droite. Même attitude que précédemment, avec cette différence que le postérieur droit, au lieu d'être en l'air, est au commencement de l'appui.

Attitude 7. — Quatrième temps.

L'antérieur gauche tombe à l'appui. Base diagonale gauche.

Progressions sur la base précédente : C E $0^{m}20$.

Pieds en l'air : $0^{m}30$.

Attitude 8. — Base unipédale antérieure gauche.

Progressions sur la base précédente : C E $1^{m}00$.

Diagonal droit en l'air : $1^{m}50$.

Attitude 9. — La suspension commence.

Progressions sur la base précédente : C E $0^{m}20$.

Pieds en l'air : $0^{m}30$.

Attitude 10. — La suspension est finie.

Progressions pendant la suspension : C E en l'air 0m40.

Pieds en l'air : 0m60.

Attitude 11. — Premier temps.

Le postérieur gauche tombe à l'appui, construit la base unipédale postérieure gauche, et marque le premier temps d'un nouveau pas.

Même attitude que précédemment, avec cette différence que le postérieur gauche, au lieu d'être en l'air, est au commencement de l'appui.

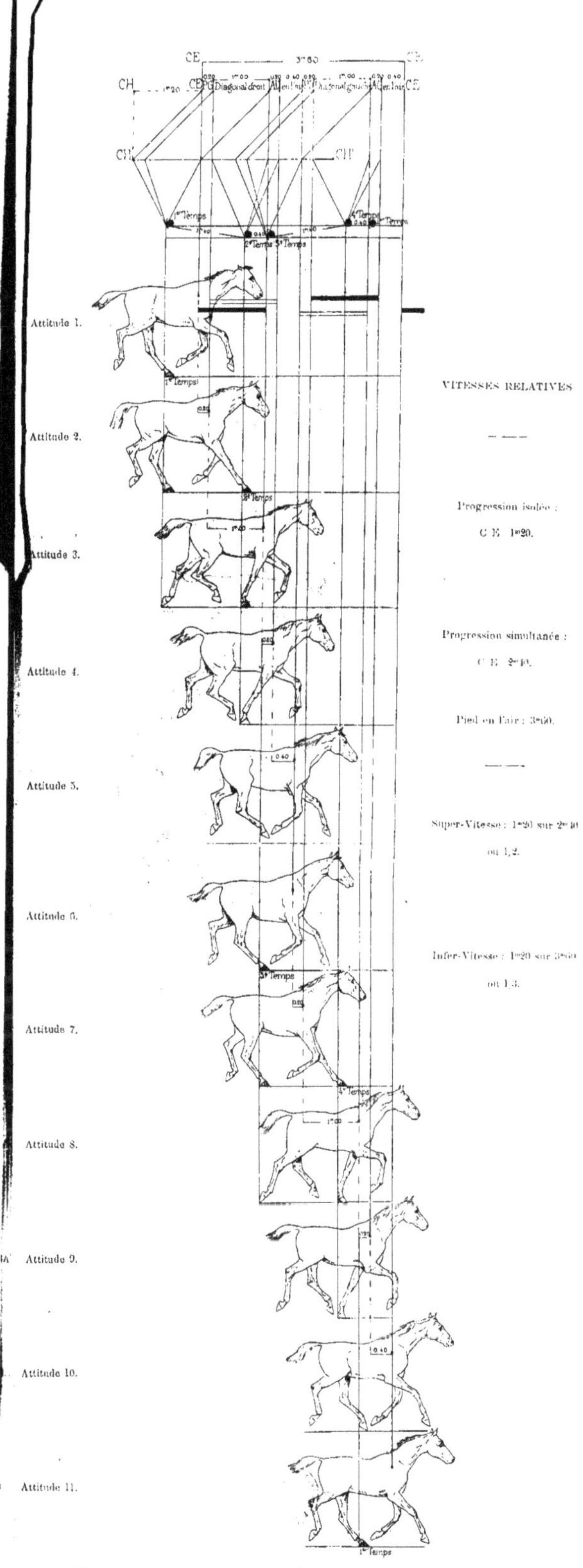

Fig. 20. — Progressions successives de la Masse et des Pieds dans un Pas complet de Flying Trot.
Echelle 1/80.

Figure à placer en regard de la page 122.

CHAPITRE V

GALOP — DIVERS GALOPS

E galop est une allure en trois ou quatre temps. Elle est sautée, avec suspension simple ou projection.

Le galop normal et la plupart des petits galops sont en trois temps, ainsi que presque tous les galops allongés.

Le petit galop ralenti, en quatre temps, est le plus ralenti des galops.

Le galop de course est dit galop en deux temps; mais il est en réalité en quatre temps, de même que le galop forcé.

On appelle galop normal, le galop dans lequel le cheval se piste. A ce genre de galop, il n'y a qu'une période de suspension.

On appelle petit galop en trois temps, le galop où le cheval se dépiste.

On appelle petit galop ralenti en quatre temps, celui où le cheval se juge et se dépiste.

On appelle galops allongés ou grands galops, tous ceux où le cheval se mépiste.

A tous les genres de galop, c'est le pied antérieur tombant le dernier à l'appui qui donne le nom à la direction du galop : galop à droite, si c'est l'antérieur droit qui tombe le dernier, galop à gauche, si c'est l'antérieur gauche.

A tous les galops en trois temps, le cheval, quand il est désuni, l'est toujours à la deuxième foulée qui, au lieu de se faire en diagonale, se fait en latéral.

Au galop normal, la base diagonale de la deuxième foulée est généralement égale à l'étendue des centres de mouvement. Les deux pieds du diagonal tombent en même temps sur le sol.

Le cheval est au petit galop en trois temps, toutes les fois que la base diagonale de la deuxième foulée est plus petite que l'écart des centres de mouvement.

Il est au galop forcé ou galop de course, toutes les fois que l'écart diagonal compris entre la deuxième et la troisième foulée est plus grand que l'écart des centres de mouvement.

Au galop forcé, le pied postérieur, au lieu de tomber à l'appui en même temps que l'antérieur donnant le nom à la base diagonale, tombe avant lui.

Au galop de course, il n'y a pas de base diagonale : le pied antérieur marquant le troisième temps tombe à l'appui, quand le postérieur, qui lui est opposé en diagonale, est à la fin de son appui. Il n'y a donc qu'échange d'appui.

Eutre le galop normal et le galop forcé, se rapprochant du galop de course, il y a le galop allongé, qui a les mêmes écarts et les mêmes foulées que le galop normal, mais qui, au lieu de n'avoir qu'une période de suspension, a en plus une période de projection, variable selon la vitesse de l'allure.

Au petit galop ralenti en quatre temps, la deuxième foulée se fait en latéral; c'est-à-dire qu'à ce galop c'est un pied antérieur, du même côté que le pied postérieur qui a marqué le premier temps, qui marque le deuxième; le troisième temps est marqué par l'autre postérieur; le quatrième temps par l'autre antérieur. A ce galop, il n'y a qu'une période de suspension très petite.

Dans le galop de course à droite, les quatre temps, correspondant aux quatre appuis successifs des pieds, se font dans l'ordre suivant :

Premier temps. — Postérieur gauche.
Deuxième temps. — Postérieur droit.
Troisième temps. — Antérieur gauche.
Quatrième temps. — Antérieur droit.

A ce galop, la période de suspension est accompagnée d'une grande projection. Dans deux des galops ci-dessus mentionnés, un pas de galop normal et un pas de petit galop ralenti, les notations graphiques ont donné les résultats que nous allons faire connaître.

Les appareils enregistreurs, employés pour étudier le galop de course, n'ont pas donné des résultats bien satisfaisants; ils nous ont cependant confirmé ce qu'avait précédemment affirmé le capitaine Raabe, à savoir, que l'allure est bien en quatre temps et non en deux temps.

Les particularités de cette allure n'ont été réellement expliquées que par le capitaine Raabe. Les attitudes données par lui, après avoir été longtemps contestées, ont été reconnues exactes, depuis que la photographie instantanée de M. Muybridge, de San-Francisco, les a reproduites.

DIVERS GALOPS A DROITE

Galop normal en trois temps, d'après les notations graphiques de M. Marey.

Progressions successives de la masse sur les diverses bases :

Base postérieure gauche	1m00
— tripédale antérieure gauche	0m20
— diagonale gauche	0m80
— tripédale postérieure droite	0m20
— antérieure droite	1m00
En l'air	0m40
Progression totale	3m60

Progression isolée : 1m20.

Pied, super-vitesse : 1m20/2m40 ou 1/2 plus vite.

Masse, infer-vitesse : $1^m20/3^m60$ ou 1/3 moins vite.

Les empreintes relevées sur le sol donnent un écart diagonal entre chaque pied de 1^m20.

Petit galop très ralenti en quatre temps, d'après les notations graphiques de M. Marey.

Progressions successives de la masse sur les diverses bases :

Base postérieure gauche.	0^m15
— latérale gauche.	0^m15
— tripédale antérieure gauche . . .	0^m15
— quadrupédale.	0^m15
— tripédale postérieure droite. . . .	0^m15
— latérale droite	0^m15
— antérieure droite.	0^m15
En l'air	0^m15
Progression totale	1^m20

Progression isolée : 0^m60.

Pied, super-vitesse : $0^m60/0^m60$ ou 1/1 plus vite.

Masse, infer-vitesse : $0^m60/1^m20$ ou 1/2 moins vite.

Les empreintes relevées sur le sol donnent un écart de 0^m60 de PG à PD, de PD à AG, de AG à AD, et des écarts latéraux de 1^m20 de PG à AG et de PD à AD.

Galop de course en quatre temps, d'après la théorie du capitaine Raabe.

Progressions successives de la masse sur les diverses bases et en l'air :

Base postérieure gauche.	0^m90
— bipédale postérieure	0^m90
— postérieure droite	0^m90
— antérieure gauche	1^m35
— bipédale antérieure.	0^m45
— antérieure droite.	1^m35
En l'air.	1^m35
Progression totale	7^m20

Progression isolée : 1^m80.
Pied, super-vitesse : $1^m80/5^m40$ ou 1/3 plus vite.
Masse, infer-vitesse : $1^m80/7^m20$ ou 1/4 moins vite.

Les empreintes relevées sur le sol donnent les écarts suivants :

De PG à PD	0^m90
De PD à AG	3^m00
De AG à AD	1^m50
Après la suspension, de AD à PG . . .	1^m80

CHAPITRE VI

GALOP NORMAL

Plan de terre. — Notations graphiques. — Pendules renversés. — Vitesses relatives. — Position des pieds au commencement du Pas. — Inclinaison des Pendules renversés. — Progressions successives de la Masse et des Pieds dans un Pas de Galop normal à droite

E galop normal, représenté figure 30, est une allure sautée en trois temps. A cette allure, il n'y a pas de projection : le pied postérieur, qui a entamé le pas de galop et fait la première foulée ou premier temps, tombe à l'appui, à la fin du pas, à côté de l'empreinte du pied antérieur qui a marqué le troisième temps et donné le nom à la direction du galop. Cela revient à dire que le cheval se piste.

Dans le galop normal, le premier temps est marqué par le pied postérieur qui commence le pas, et sur l'unique appui duquel progresse un instant la masse; le deuxième temps est marqué par un diagonal; le troisième temps est marqué par le pied antérieur sur lequel se termine la progression de la masse à l'appui.

Les empreintes relevées sur le sol nous apprennent que l'étendue du pas de galop normal est de 3m60 pour un cheval de 1m60 de taille, et l'écart entre chaque pied à l'appui de $1^{m}20$, étendue égale à la distance des centres de mouvement.

Les notations graphiques, nous faisant connaître les progressions successives de la masse sur les divers appuis des pieds, nous serviront à déterminer l'amplitude des pendules renversés et leurs associations, tandis que le plan de terre nous indiquera la place où ces pendules doivent être élevés.

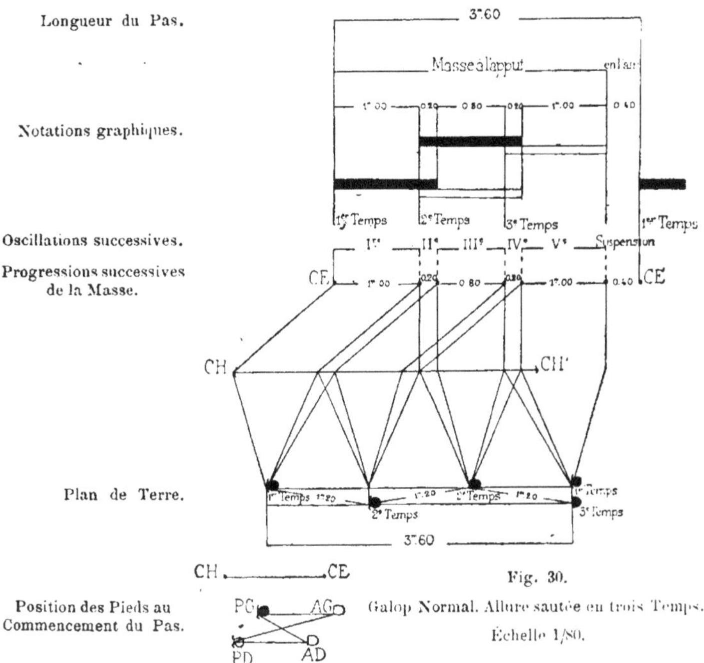

Fig. 30.

Galop Normal. Allure sautée en trois Temps.

Échelle 1/80.

Les notations graphiques nous indiquent que les progressions successives de la masse, pendant l'exécution d'un pas de galop normal à droite, de CE à CE', se font, à l'appui et en l'air, de la façon suivante :

1er Temps. — *1re Oscillation.* — Base unipédale postérieure gauche : CE progresse sur PG de. . . .	$1^{m}00$
2e Temps. — *2e Oscillation.* — Base tripédale antérieure gauche : CE progresse sur PG, PD, AG de	$0^{m}20$
— *3e Oscillation.* — Base diagonale gauche : CE progresse sur PD, AG de.	$0^{m}80$
3e Temps. — *4e Oscillation.* — Base tripédale postérieure droite : CE progresse sur PD, AG, AD de	$0^{m}20$
— *5e Oscillation.* — Base unipédale antérieure droite : CE progresse sur AD de. . . .	$1^{m}00$
Soit à l'appui.	$3^{m}20$
Progression de CE en l'air.	$0^{m}40$
Étendue du pas.	$3^{m}60$

Les notations nous apprenant que la progression de la masse sur l'appui de chaque pied est de $1^{m}20$, nous élèverons sur chaque empreinte un pendule renversé de $1^{m}20$ d'amplitude. Les oscillations successives de ces pendules correspondront aux progressions successives et simultanées de la masse, sur les appuis simples ou combinés indiqués par les notations.

La progression isolée étant, d'après les notations, de $1^{m}20$, nous établirons les vitesses relatives suivantes :

Pied, Super-vitesse : $1^{m}20/2^{m}40$ ou 1/2.
Masse, Infer-vitesse : $1^{m}20/3^{m}60$ ou 1/3.

Les progressions successives de la masse étant connues, ces vitesses nous permettront d'établir les progressions correspondantes et successives des pieds en l'air pendant la durée du pas : leur progression respective est égale à celle de la masse plus la moitié.

Ces progressions successives des quatre pieds pendant la durée du pas sont les suivantes :

	A G	A D	P G	P D
1re oscillation . . .	1m50	1m50	Appui	1m50
2e oscillation . . .	Appui	0m30	Appui	Appui
3e oscillation . . .	Appui	1m20	1m20	Appui
4e oscillation . . .	Appui	Appui	0m30	Appui
5e oscillation . . .	1m50	Appui	1m50	1m50
En l'air	0m60	0m60	0m60	0m60
Total	3m60	3m60	3m60	3m60

Chaque pied, comme la masse, parcourt 3m60 pendant la durée du pas de galop.

La position des pieds en l'air au commencement du pas, au moment où le postérieur gauche, tombant à l'appui, marque le premier temps, ne pourra être déterminée avec les vitesses relatives seules : le concours du plan de terre sera indispensable. Le plan de terre connu, la première attitude sera obtenue par le raisonnement suivant :

1o *Postérieur droit.* — Au moment où le postérieur droit tombe à l'appui, CE a déjà parcouru 1m00 sur l'appui du postérieur gauche. Le pied en l'air étant animé d'une vitesse plus grande de moitié que celle de la masse, le postérieur droit en l'air parcourt, pendant la progression de la masse, 1m00 + 1/2 ou 1m50. Il se trouve donc, au commencement du pas, à 1m50 en arrière de son empreinte.

2o *Antérieur gauche.* — Par la même raison, l'antérieur gauche se trouvera, au commencement du pas, à 1m50 en arrière de son empreinte, les deux pieds du diagonal gauche tombant simultanément à l'appui. Le plan de terre nous indique que l'écart entre les deux pieds du diagonal gauche est de 1^{m}20.

3° *Antérieur droit.* — L'antérieur droit, tombant à l'appui quand la masse a déjà parcouru 2^{m}00, se trouve, au commencement du pas, à 2^{m}00 + 1/2 ou 3^{m}00 en arrière de son empreinte.

L'on remarquera que la période de suspension correspond à l'étendue des associations des pendules renversés, au moment des deuxième et troisième temps, ce qui est absolument logique; car, si les pendules se succédaient sans entrecroisement, il n'y aurait pas de période de suspension : le pas finirait à la fin de l'oscillation du dernier pendule.

Inclinaison des Pendules renversés. — Si les notations graphiques nous font connaître les associations des pendules renversés, elles ne nous indiquent pas quelle doit être leur inclinaison. La position de tous les pendules renversés dépendant absolument de celle du premier, nous nous sommes demandé assez longtemps si le premier pendule renversé devait être vertical ou incliné en avant.

Quand le premier pendule renversé était vertical, les pendules renversés, élevés sur le postérieur droit et l'antérieur gauche, étant inclinés en arrière, la figure que nous obtenions au troisième temps, au moment où l'antérieur droit tombe à l'appui, nous paraissait défectueuse : le pied antérieur droit dépassait trop le bout du nez du cheval; et l'on sait que le pied ne dépasse le bout du nez qu'à certaines allures artificielles, telles que le pas et le trot espagnols.

Quand, au contraire, nous inclinions en avant le premier pendule renversé d'une quantité égale à l'entrecroisement de 0^{m}20, ce qui place verticalement les pendules renversés postérieur droit et antérieur gauche, nous obtenions au troisième temps une attitude plus correcte. Ç'a été la cause première qui nous a décidé à incliner le premier pendule renversé d'une quantité égale au premier entrecroisement.

Indépendamment de ce motif, nous avons trouvé beaucoup plus rationnel que le pendule renversé, élevé sur le pied marquant le premier temps, fût un peu incliné en avant, puisque la première impulsion donnée par ce pied doit, à ce genre de galop, être modérée. Les deux pendules renversés qui suivent, étant verticaux, ne nuisent pas à cette légère impulsion, ils ne font que la transmettre ; ils la gêneraient s'ils étaient inclinés en arrière.

Quant au pendule renversé élevé sur l'antérieur droit, il est incliné en arrière, parce que le pied antérieur a pour mission de relever la masse ; mais, dans le système que nous avons adopté, il n'est incliné en arrière que de 0m20, ce qui nous donne, en sens contraire, une inclinaison égale au commencement et à la fin du pas, inclinaison qui nous paraît absolument nécessaire à l'équilibre d'un galop modéré, facile et régulier, tel que le galop normal.

Quand le premier pendule renversé était élevé verticalement, le dernier pendule renversé avait une inclinaison en arrière de 0m40, inclinaison que ne justifiait pas la vitesse de l'allure.

Progressions successives de la Masse et des Pieds dans un Pas complet de Galop normal à droite. — Progression de la masse de C E à C E'.

L'attitude du cheval au commencement du pas étant connue, les notations graphiques et les vitesses relatives suffiront pour déterminer les diverses attitudes, pendant les progressions successives de la masse et des pieds dans un pas complet de galop normal à droite.

Nous donnons (fig. 31) les attitudes correspondant à ces progressions :

Attitude 1. — Premier temps :

Le postérieur gauche tombe à l'appui. Base unipédale postérieure gauche.

Attitude 2. — Deuxième temps :

Le diagonal gauche tombe à l'appui. Base tripédale antérieure gauche.

Progressions sur la base précédente : C E $1^{m}00$.

Pieds en l'air : $1^{m}50$.

Attitude 3. — Base diagonale gauche.

Progressions sur la base précédente : C E $0^{m}20$.

Antérieur droit en l'air : $0^{m}30$.

Attitude 4. — Troisième temps :

L'antérieur droit tombe à l'appui. Base tripédale postérieure droite.

Progressions sur la base précédente : C E $0^{m}80$.

Diagonal droit en l'air : $1^{m}20$.

Attitude 5. — Base unipédale antérieure droite.

Progressions sur la base précédente : C E $0^{m}20$.

Postérieur gauche en l'air : $0^{m}30$.

Attitude 6. — La suspension commence.

Progressions sur la base précédente : C E $1^{m}00$.

Pieds en l'air : $1^{m}50$.

Attitude 7. — La suspension est finie.

Progressions pendant la suspension : C E en l'air : $0^{m}40$.

Quatre pieds en l'air : $0^{m}60$.

Attitude 8. — Premier temps.

Le postérieur gauche tombe à l'appui et marque le premier temps d'un nouveau pas de galop. L'attitude est la même que la précédente, avec cette différence que le postérieur gauche, au lieu d'être en l'air, est au commencement de l'appui.

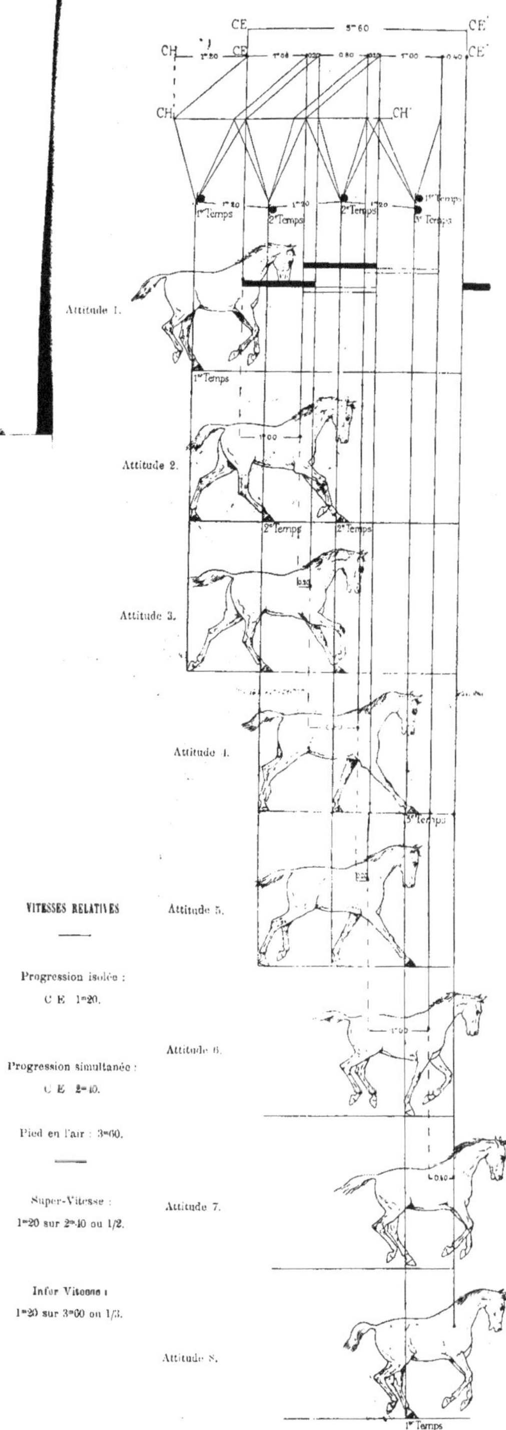

Fig. 31. — Progressions successives de la Masse et des Pieds dans un Pas complet de Galop normal à droite. — Échelle 1/50.

Figure à placer en regard de la page 137.

CHAPITRE VII

PETIT GALOP RALENTI EN QUATRE TEMPS

Plan de Terre. — Notations graphiques. — Vitesses relatives. — Pendules renversés. — Position des Pieds au commencement du Pas. — Progressions successives de la Masse et des Pieds dans un Pas complet de petit Galop ralenti à droite.

E petit galop ralenti en quatre temps, représenté figure 32, est une allure sautée, avec suspension simple.

A ce genre de galop, le pied postérieur, qui a entamé l'allure et marqué le premier temps, tombe, à la fin du pas, sur l'empreinte latérale du pied antérieur qui a marqué le deuxième temps. Le cheval se dépiste et se juge.

Dans un pas de ce galop à droite, le premier temps est marqué par le postérieur gauche; le deuxième temps se fait en latéral et est marqué par l'antérieur gauche; le troisième temps est marqué par le postérieur droit; le quatrième temps est marqué par l'antérieur droit.

Le deuxième temps, marqué par un pied antérieur, précède la diagonale que construit le pied postérieur au troisième temps.

Le pied antérieur du diagonal, en tombant le premier à l'appui, ralentit l'allure. Si le postérieur, qui construit la diagonale, tombait le premier à l'appui, l'allure serait accélérée ; c'est ce qui se passe dans tous les galops très allongés.

Les empreintes relevées sur le sol nous donnent l'étendue du pas : il est de 1^m20 pour un cheval de 1^m60 de taille. L'écart entre

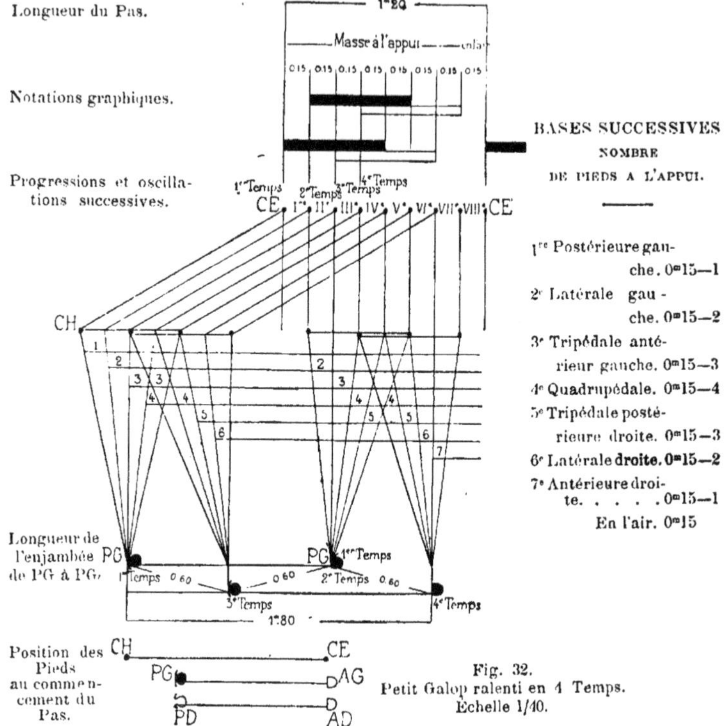

Fig. 32.
Petit Galop ralenti en 4 Temps.
Echelle 1/10.

chaque empreinte diagonale est de 0^m60. La longueur de 1^m80 du plan de terre n'indique que l'écartement des pieds sur le sol et ne donne pas la longueur de l'enjambée.

C'est aux notations graphiques de M. Marey, que nous avons adaptées à notre cheval-type de 1^m60, que nous devons de connaître les progressions successives de la masse dans un pas complet de ce galop.

Ces notations nous apprenant que les durées d'appui sont égales pour les quatre pieds et correspondent à une étendue de 0m60, que, par suite, la progression isolée est de 0m60, nous permettent d'établir les vitesses relatives suivantes :

Pied, Super-vitesse : 0m60/0m60 ou 1/1.

Masse, Infer-vitesse : 0m60/1m20 ou 1/2.

Le pied en l'air va une fois plus vite que la masse.

La masse va moitié moins vite que le pied en l'air.

La durée d'appui étant égale pour chaque pied et correspondant à une étendue de 0m60, nous élèverons sur les empreintes relevées sur le sol quatre pendules renversés d'une amplitude de 0m60. L'association de ces pendules correspondra aux progressions de la masse sur les appuis simultanés indiqués par les notations.

Ces progressions, si nous faisons avancer la masse de CE à CE' pendant l'exécution d'un pas, sont, d'après les notations, les suivantes :

1er Temps. —	*1re Oscillation.* —	Base unipédale postérieure gauche : CE progresse de	0m15
2e Temps. —	*2e Oscillation.* —	Base latérale gauche : CE progresse de.	0m15
3e Temps. —	*3e Oscillation.* —	Base tripédale antérieure gauche : CE progresse de	0m15
4e Temps. —	*4e Oscillation.* —	Base quadrupédale : CE progresse de.	0m15
—	*5e Oscillation.* —	Base tripédale postérieure droite : CE progresse de	0m15
—	*6e Oscillation.* —	Base latérale droite : CE progresse de.	0m15
—	*7e Oscillation.* —	Base unipédale antérieure droite : CE progresse de	0m15
—	*8e Oscillation.* —	En l'air : CE progresse de	0m15
		Etendue du pas. . .	1m20

Nous savons que, pour déterminer la position des pieds en l'air au commencement du pas, il est indispensable de connaître, en dehors des notations graphiques et des vitesses relatives, le plan de terre.

Le plan de terre connu, la super-vitesse étant de 1/1 et l'infer-vitesse de 1/2, la position des pieds en l'air se déterminera, comme d'habitude, de la façon suivante :

1° *Antérieur gauche.* — L'antérieur gauche, tombant à l'appui quand C E a parcouru 0ᵐ15, se trouve, au commencement du pas, à 0ᵐ30 en arrière de son empreinte.

2° *Postérieur droit.* — Le postérieur droit, tombant à l'appui quand C E a progressé de 0ᵐ30, se trouve, au commencement du pas, à 0ᵐ60 en arrière de son empreinte.

3° *Antérieur droit.* — L'antérieur droit, tombant à l'appui quand C E a progressé de 0ᵐ45, se trouve, au commencement du pas, à 0ᵐ90 en arrière de son empreinte.

Progressions successives de la Masse et des Pieds dans un Pas complet de petit Galop ralenti en quatre Temps à droite. — Progressions de la masse de C E à C E'.

L'attitude du cheval au commencement du pas étant connue, les notations graphiques et les vitesses relatives nous suffiront pour déterminer les diverses attitudes, pendant les progressions successives de la masse et des pieds dans un pas complet de petit galop ralenti à droite.

Nous donnons (fig. 33) les attitudes correspondant à ces progressions.

Attitude 1. — Premier temps :

Le postérieur gauche tombe à l'appui. Base unipédale postérieure gauche.

Attitude 2. — Deuxième temps :

L'antérieur gauche tombe à l'appui. Base latérale gauche.

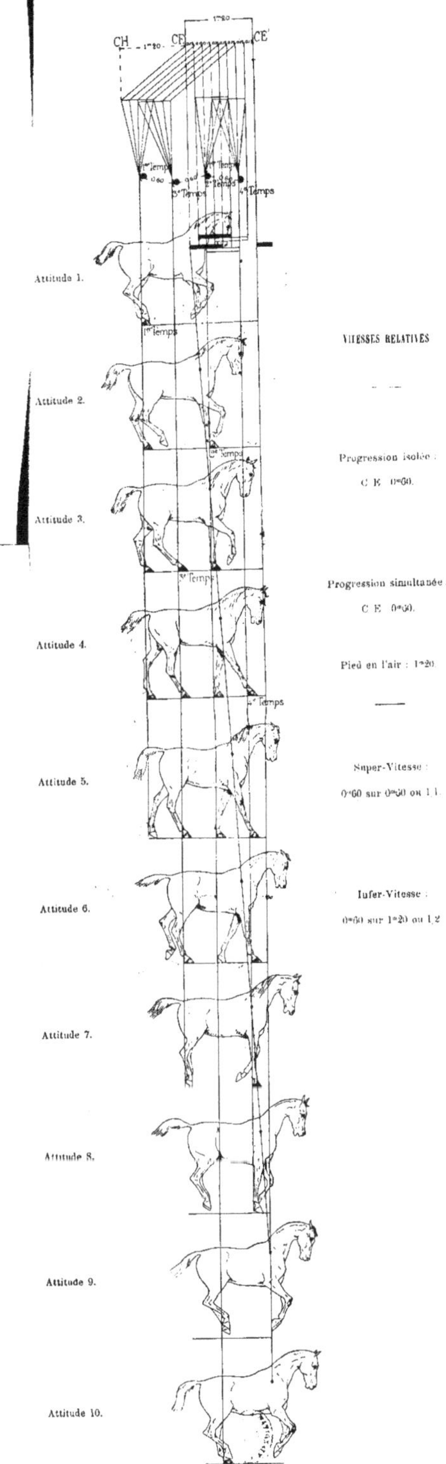

Fig. 33. — Progressions successives de la Masse et des Pieds dans un Pas complet de petit Galop ralenti en quatre Temps à droite. — Échelle 1/80.

Figure à placer en regard de la page 138.

Progressions sur la base précédente : C E 0m15.
Pieds en l'air : 0m30.

Attitude 3. — Troisième temps :

Le postérieur droit tombe à l'appui. Base tripédale antérieure gauche.

Progressions sur la base précédente : C E 0m15.
Latéral droit en l'air : 0m30.

Attitude 4. — Quatrième temps :

L'antérieur droit tombe à l'appui. Base quadrupédale.

Progressions sur la base précédente : C E 0m15.
Antérieur droit en l'air : 0m30.

Attitude 5. — Base tripédale postérieure droite.

Progression sur la base précédente : C E 0m15.

Attitude 6. — Base latérale droite.

Progressions sur la base précédente C E : 0m15.
Postérieur gauche en l'air : 0m30.

Attitude 7. — Base unipédale antérieure droite.

Progressions sur la base précédente : C E 0m15.
Latéral gauche en l'air : 0m30.

Attitude 8. — La suspension commence.

Progressions sur la base précédente : C E 0m15.
Pieds en l'air : 0m30.

Attitude 9. — La suspension est finie.

Progressions pendant la suspension : C E 0m15.
Quatre pieds en l'air : 0m30.

Attitude 10. — Premier temps :

Le postérieur gauche tombe à l'appui et marque le premier temps d'un nouveau pas de galop. L'attitude est la même que la précédente, avec cette différence que le postérieur gauche, au lieu d'être en l'air, est au commencement de l'appui.

CHAPITRE VIII

GALOP DE COURSE A DROITE

Mécanisme de l'allure d'après la Théorie du capitaine Raabe. — Plan de Terre. — Pendules renversés. — Vitesses relatives. — Position des Pieds au commencement du Pas. — Progressions successives de la Masse et des Pieds dans un Pas complet de Galop.

E galop de course est une allure sautée en quatre temps, avec projection.

Dans le galop de course à droite, le premier temps est marqué par le postérieur gauche; le deuxième temps par le postérieur droit; le troisième temps par l'antérieur gauche; le quatrième temps par l'antérieur droit.

Les empreintes relevées sur le sol nous apprennent que, dans le galop de course à droite, l'étendue du pas est de $7^{m}20$; l'écart entre le postérieur gauche, qui marque le premier temps et le postérieur droit, qui marque le deuxième, est de $0^{m}90$; celui entre le postérieur droit et l'antérieur gauche, qui marque le troisième temps, de $3^{m}00$; celui entre l'antérieur gauche et l'antérieur droit, qui marque le quatrième temps, de $1^{m}50$; celui entre l'antérieur droit et le postérieur gauche, qui marque le premier temps d'un pas nouveau, de $1^{m}80$.

Ainsi que nous l'avons dit précédemment, les notations graphiques du galop de course, que M. Marey donne dans *La Machine animale,* nous ont paru incomplètes. Si, d'accord sur ce point avec la théorie du capitaine Raabe, elles nous apprennent que l'allure est en quatre temps, elles nous donnent des indications différentes au sujet de la période de suspension.

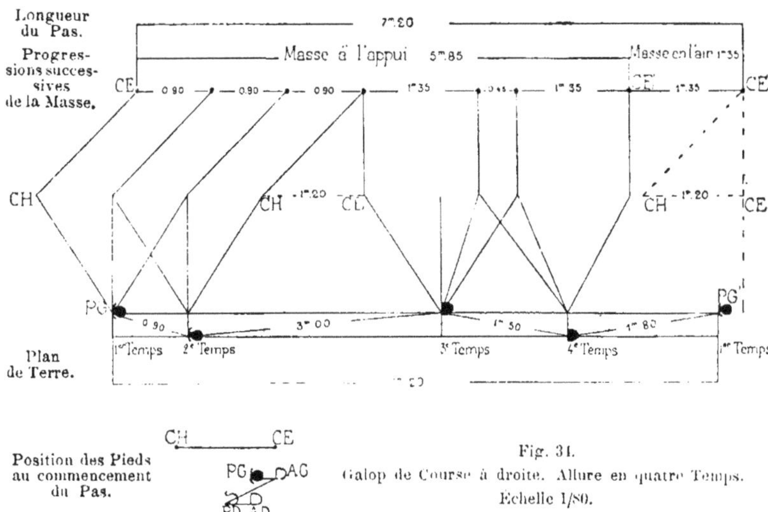

Fig. 31.
Galop de Course à droite. Allure en quatre Temps.
Échelle 1/80.

D'après ces notations, la période de suspension aurait lieu après le deuxième temps et non après le quatrième. Nous lisons de plus (*Machine animale,* page 178) : « Le temps de suspension semble être extrêmement bref. » Cela nous prouve qu'on a recueilli ces inscriptions sans tenir compte du plan de terre et des vitesses relatives.

Si l'on avait examiné le plan de terre, on aurait remarqué qu'entre la quatrième foulée d'un pas et la première d'un pas suivant, il y a un mépister de 1m80 qui, d'après les vitesses relatives que nous donnons plus loin, correspond à une période de suspension de 1^m35 pour la masse et de 1^m80 pour les pieds en l'air. La période de suspension a donc lieu après le quatrième temps et n'est pas extrêmement brève.

Ces notations nous ayant paru défectueuses, nous ne nous en sommes pas servi pour expliquer le mécanisme de la course et nous leur avons préféré la théorie du capitaine Raabe qui, bien avant l'emploi de la méthode graphique, avait, avec le seul concours du plan de terre et des vitesses relatives, expliqué ce qui se passe à cette allure. Les attitudes trouvées par lui et longtemps contestées ont été plus tard reproduites par la photographie instantanée de M. Muybridge, de San-Francisco, ce qui prouverait que sa théorie est la vraie.

D'après le capitaine Raabe, dans le galop de course à droite, le premier temps est marqué par le postérieur gauche qui entame le pas, et la progression de la masse, pendant la durée de ce temps, est de 0^m90; le deuxième temps est marqué par le postérieur droit, et sur l'appui des deux pieds postérieurs la masse fait une nouvelle progression de 0^m90. A ce moment, l'oscillation du pendule renversé élevé sur le postérieur gauche étant terminée, celui-ci quitte terre, et sur l'unique appui du postérieur droit la masse parcourt de nouveau 0^m90, ce qui complète l'oscillation du pendule renversé élevé sur son empreinte. Cette oscillation terminée, l'antérieur gauche tombe immédiatement à l'appui, à 3^m00 de distance du postérieur droit qu'il remplace, pour supporter à son tour la masse, et marque le troisième temps. Il n'y a donc pas d'association d'appui entre ces deux pieds, mais bien un échange d'appui; par suite, il n'y a pas de base diagonale à cette allure. Sur l'appui de l'antérieur gauche, la masse continue sa progression, qui est de 1^m35, progression après laquelle l'antérieur droit, tombant à l'appui à 1^m50 de l'antérieur gauche, marque le quatrième temps. Dès que, sur ces deux membres associés, la masse a parcouru 0^m45, l'oscillation du pendule renversé antérieur gauche étant terminée, la masse continue sa progression sur l'appui de l'antérieur droit seul, sur lequel elle avance de 1m35. A ce moment, l'oscillation du pendule renversé antérieur droit étant terminée, la masse progresse en l'air de 1m35. Après cette période de suspension, le postérieur gauche tombe de nouveau à l'appui, à une distance de 1m80 de l'empreinte laissée par l'antérieur droit, et marque le premier temps d'un nouveau pas de galop.

Le pas complet de galop est terminé : il est de 7m20 et dure une demi-seconde.

Il reste maintenant à expliquer sur quoi est basée cette théorie de la course, d'après le capitaine Raabe.

Le capitaine Raabe, après avoir relevé le plan de terre, avait été frappé de cet écart de 3m00 qui se trouve entre la deuxième et la troisième foulée. Des expériences, faites précédemment par lui, lui avaient fourni la preuve que le maximum d'écart en diagonale pour un cheval de 1m60, au moment où il est le plus allongé, était de 3m00 ; et, en présence de cet écart, il en avait conclu que le cheval, au moment où se fait la troisième foulée, était complètement allongé. Cela établi, il éleva une verticale sur l'empreinte du postérieur droit et une autre sur celle de l'antérieur gauche, plaça, au milieu de cet écart de 3m00, les centres de mouvement d'un cheval de 1m60 de taille, représentés (fig. 34) par C H, C E, et, de ces centres de mouvement, tira deux obliques, l'une partant de C H et rejoignant le pied postérieur droit, l'autre partant de C E et rejoignant le pied antérieur gauche.

Ces deux obliques lui ayant donné, avec les deux verticales précédemment élevées, deux demi-pendules renversés de 0m90, il en conclut que l'amplitude de chaque pendule renversé était de 1m80, et il éleva sur l'empreinte de chaque pied un pendule renversé de 1m80 d'amplitude.

Le pendule renversé élevé sur le postérieur gauche détermine la position du centre de mouvement des hanches, désigné par C H, au commencement du pas, ainsi que le centre de mouvement des épaules, désigné par C E, qui est nécessairement distant de C H de 1m20. C'est de C E que nous ferons commencer la progression de la masse.

Dans un pas complet de galop de course, de C E à C E″, d'un centre de mouvement des épaules à un autre, la masse fera 7m20, pendant que, de P G à P G', le postérieur gauche parcourra dans le même temps la même distance.

Le tracé des deux pendules renversés élevés sur les pieds postérieurs nous a donné leur association; mais l'association des deux pendules renversés élevés sur les pieds antérieurs a été déterminée par les vitesses relatives.

VITESSES RELATIVES

La progression isolée étant de 1m80 et l'étendue du pas de 7m20, les vitesses relatives sont les suivantes :

Pied, Super-vitesse : 1m80 sur 5m40 ou 1/3.

Masse, Infer-vitesse : 1m80 sur 7m20 ou 1/4.

Le pied en l'air allant 1/3 plus vite que la masse, et les empreintes relevées sur le sol nous donnant un écart de 1m80 entre l'empreinte de l'antérieur droit, marquant le quatrième temps, et celle du postérieur gauche, marquant le premier temps d'un nouveau pas, écart correspondant à une période de suspension des quatre pieds, nous avons dû incliner de 0m15 en arrière le pendule renversé élevé sur l'antérieur droit, pour permettre à la masse, pendant la suspension, de marcher à la vitesse qui lui est propre, c'est-à-dire 1/4 moins vite que les pieds en l'air, et de ne parcourir que 1m35, pendant que ceux-ci parcourent 1m80.

L'entrecroisement des pendules antérieurs est donc de 0m45.

D'après ce qui précède, la progression de la masse pendant la durée du pas est :

A l'appui, de CE à CE', de 5^{m}85.
En l'air, de CE' à CE'', de 1^{m}35.

La position des pieds en l'air au commencement du pas, au moment de la première foulée, se détermine par la connaissance des progressions de la masse, des vitesses relatives et du plan de terre. Ces pieds, au commencement du pas, sont distants de leur appui des quantités suivantes :

1° *Postérieur droit.* — Le postérieur droit, tombant à l'appui quand CE a déjà progressé de 0^{m}90, se trouve, au commencement du pas, à 0^{m}90 + 1/3 ou 1^{m}20 en arrière et en l'air de son empreinte.

2° *Antérieur gauche.* — L'antérieur gauche, tombant à l'appui quand CE a progressé de 2^{m}70, se trouve, au commencement du pas, à 2^{m}70 + 1/3 ou 3^{m}60 en arrière et en l'air de son empreinte.

3° *Antérieur droit.* — L'antérieur droit, tombant à l'appui quand CE a progressé de 4^{m}05, se trouve, au commencement du pas, à 4^{m}05 + 1/3 ou 5^{m}40 en arrière et en l'air de son empreinte.

Progressions successives de la Masse et des Pieds dans un Pas complet de Galop de course à droite. Progressions de la Masse de CE à CE''. — L'attitude du cheval au commencement du pas étant connue, nous déterminerons, au moyen des progressions successives de la masse et des vitesses relatives, les attitudes correspondant aux progressions successives de la masse et des pieds dans un pas complet de galop de course à droite.

Nous donnons (fig. 35) les attitudes correspondant à ces progressions.

Attitude 1. — Premier temps :

Le postérieur gauche tombe à l'appui. Base unipédale postérieure gauche.

Attitude 2. — Deuxième temps :

Le postérieur droit tombe à l'appui. Base bipédale postérieure.

Progressions sur la base précédente : CE 0m90.

Pieds en l'air : 1m20.

Attitude 3. — Base unipédale postérieure droite.

Progressions sur la base précédente : CE 0m90.

Pieds en l'air : 1m20.

Attitude 4. — Troisième temps :

L'antérieur gauche tombe à l'appui. Base unipédale antérieure gauche.

Progressions sur la base précédente : CE 0m90.

Pieds en l'air : 1m20.

Attitude 5. — Quatrième temps:

L'antérieur droit tombe à l'appui. Base bipédale antérieure.

Progressions sur la base précédente : CE 1m35.

Pieds en l'air : 1m80.

Attitude 6. — Base unipédale antérieure droite.

Progressions sur la base précédente : CE 0m45.

Pieds en l'air : 0m60.

Attitude 7. — La suspension commence.

Progressions sur la base précédente : CE 1m35.

Pieds en l'air : 1m80.

Attitude 8. — La suspension est finie.

Progressions pendant la suspension : CE 1m35.

Pieds en l'air : 1m80.

Attitude 9. — Premier temps.

Après la suspension, le postérieur gauche tombe à l'appui et marque le premier temps d'un nouveau pas de galop. L'attitude est la même que précédemment, avec cette différence que le postérieur gauche, au lieu d'être en l'air, est au commencement de l'appui.

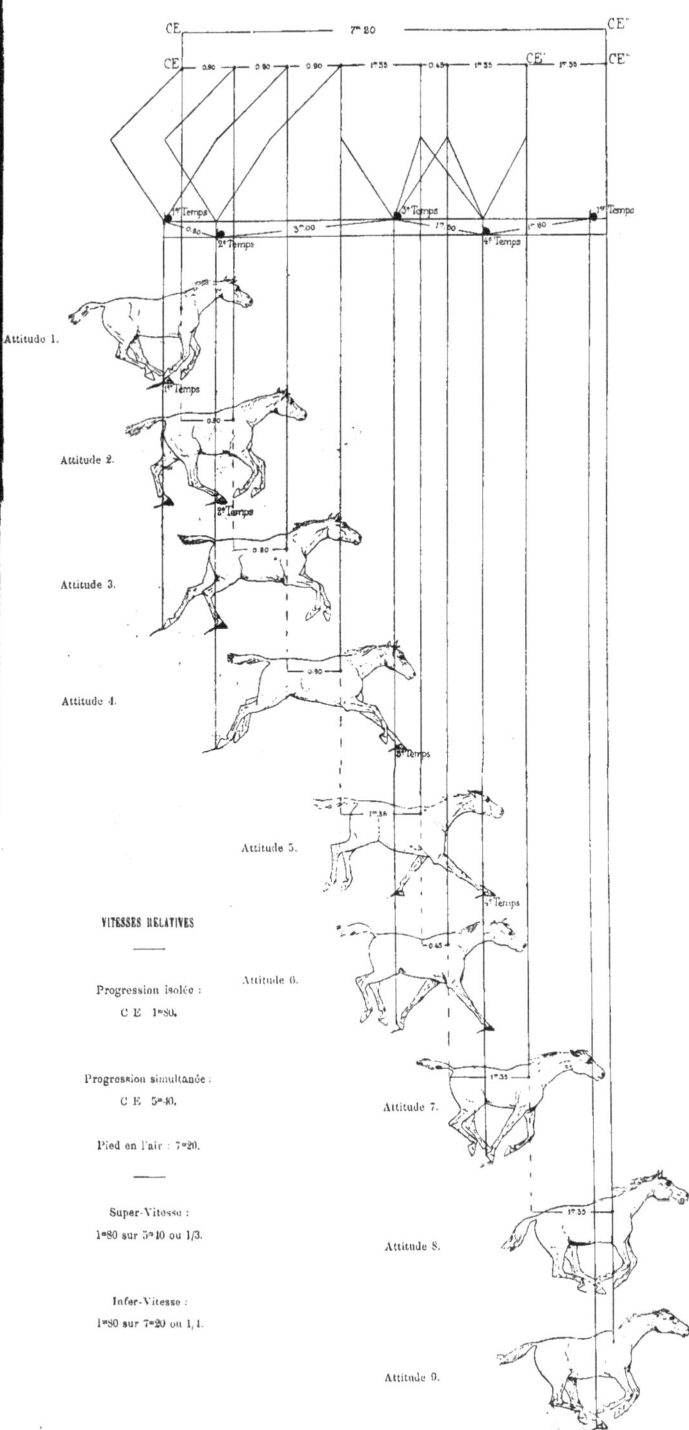

Fig. 35. — Progressions successives de la Masse et des Pieds dans un Pas complet de Galop de course à droite. — Echelle 1/80.

Figure à placer en regard de la page 146.

Si, dans un pas complet de galop de course, on faisait avancer successivement la masse d'une quantité déterminée, de 0^m45 par exemple, on aurait seize attitudes dans lesquelles se retrouveraient toutes celles obtenues par la photographie instantanée de M. Muybridge.

Le pas de course de 7^m20 (taille du cheval 1^m60), représenté par les seize attitudes que nous venons d'indiquer, s'effectuant en une dem-iseconde, il est impossible à l'œil de se rendre compte des phénomènes de l'allure, attendu que l'œil ne peut saisir que ce qui se passe en 3/5 de seconde, et que chacune des seize attitudes représente une progression de la masse de 0^m45, correspondant à une durée de 1/32 de seconde.

Il arrive parfois que, pendant la course, le cheval, fortement poussé, marque une petite suspension après les foulées postérieures, ce qui constitue un saut en longueur; mais ce phénomène se produit en dehors de l'allure régulière de la course et ne la caractérise pas.

TROISIÈME PARTIE

CHANGEMENTS D'ALLURES

CHAPITRE PREMIER

PASSAGE DU PAS NORMAL A UN PAS ALLONGÉ

DE DEUX MÈTRES DIX CENTIMÈTRES

OUR exécuter ce changement d'allure, le cheval sera représenté (fig. 36) dans l'attitude qui lui est propre au moment où la base diagonale droite du pas normal commence. Dans cette attitude (attitude 1), la base diagonale droite est de $0^{m}90$; le postérieur droit au lever est à $0^{m}90$ en arrière de son congénère; l'antérieur gauche en l'air à $0^{m}60$ en avant du postérieur gauche.

La progression de la masse se fera de C E à C E'.

A ce moment, si le pas normal continuait, l'antérieur gauche qui vient de parcourir $0^{m}60$, pendant la durée de la base latérale droite ayant précédé la base diagonale droite qui nous sert de point de départ, n'aurait plus qu'une progression de $1^{m}20$ à faire pour terminer son enjambée de $1^{m}80$. Mais, le pas normal se changeant en pas allongé où les enjambées sont de $2^{m}10$, et ce nouveau pas devant être déterminé par l'appui de l'antérieur gauche, celui-ci tombera à l'appui après une progression de $1^{m}35$. Cette progression le plaçant à $1^{m}05$ en avant de l'antérieur droit, préparera l'enjambée antérieure droite suivante, dont l'étendue

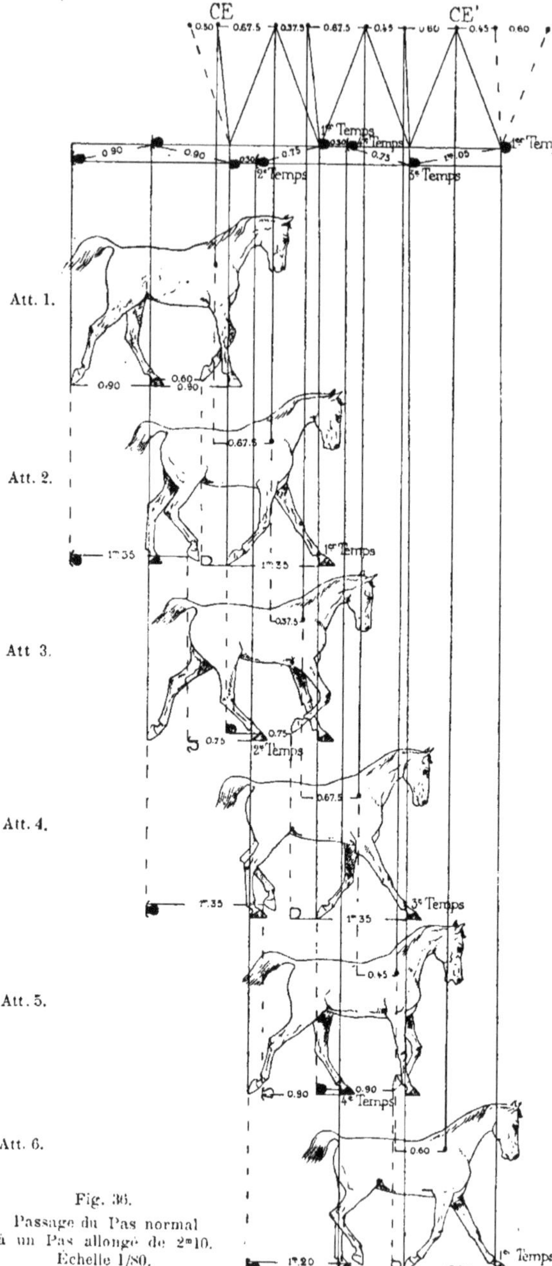

Fig. 36.
Passage du Pas normal à un Pas allongé de $2^{m}10$.
Échelle 1/80.

doit être de $2^{m}10$. La première enjambée antérieure préparant le changement d'allure sera donc de $1^{m}95$, ce qui permet à la seconde enjambée antérieure d'être de $2^{m}10$.

Dans cette première progression sur la base diagonale droite, le postérieur droit parcourra $1^{m}35$, de concert avec l'antérieur gauche. Cette progression en l'air, correspondant au double de celle de la masse à l'appui, nous permettra de compléter l'oscillation du pendule renversé, élevé sur l'antérieur droit, qui avait précédemment oscillé de 0m30 sur la base latérale droite : elle sera de 0m67,5. Par suite, l'amplitude totale de ce pendule renversé sera de 0m97,5.

Les progressions sur la base diagonale droite sont donc les suivantes :

C E.	0m67,5
Antérieur gauche.	1m35
Postérieur droit. .	1m35

L'attitude 2 représente le cheval à la fin de ces progressions, au moment où l'antérieur gauche, tombant à l'appui, construit la base latérale gauche et marque le premier temps du pas intermédiaire.

Sur l'appui de ce pied nous élèverons un nouveau pendule renversé, faisant suite au précédent, dont l'amplitude sera de 1m05, puisque l'enjambée antérieure droite suivante doit être de 2m10; et nous déterminerons la durée de la base latérale gauche. Cette base durera jusqu'au moment de la construction de la base diagonale suivante.

Or, le postérieur droit ayant déjà parcouru 1m35 sur la base diagonale droite précédente et ayant encore un parcours de 0m75 à faire, pour opérer le changement de pas des membres postérieurs, ce qui donne un méjuger de 0m30, la progression de la masse sur la base latérale gauche sera égale à la moitié de 0m75, soit à 0m37,5, étendue correspondant en périodes à la durée de la base latérale gauche.

De concert avec le postérieur droit, l'antérieur droit progressera de 0m75.

Sur la base latérale gauche, les progressions sont donc les suivantes :

C E.	0m37,5
Postérieur droit. .	0m75
Antérieur droit. .	0m75

L'attitude 3 représente le cheval à la fin de ces progressions, au moment où le postérieur droit tombe à l'appui, construit la base diagonale gauche et marque le deuxième temps du pas intermédiaire. Son enjambée a été de 2m10.

Cette base diagonale durera jusqu'au moment où l'antérieur droit, tombant à l'appui, construira la base latérale suivante.

Or, l'antérieur droit ayant, sur la base précédente, progressé de 0m75, devra, pendant la durée de la base diagonale gauche, faire une nouvelle progression de 1m35 pour parfaire son enjambée de 2m10. La progression de la masse sur la base diagonale gauche sera, par suite, égale à la moitié de 1m35, soit à 0m67,5, étendue correspondant à la durée de cette base diagonale.

Le postérieur gauche fera, de concert avec l'antérieur droit, 1m35 sur l'appui de la même base.

Les progressions sur la base diagonale gauche sont donc les suivantes :

C E.	0m67,5
Postérieur gauche.	1m35
Antérieur droit. .	1m35

L'attitude 4 représente le cheval à la fin de ces progressions, au moment où l'antérieur droit, tombant à l'appui, construit la base latérale droite et marque le troisième temps du pas intermédiaire.

Cette base latérale dure jusqu'au moment où le postérieur gauche construit la base diagonale droite.

Or, le postérieur gauche a, sur la base précédente, progressé de 1m35 et n'a plus qu'une étendue de 0m90 à parcourir pour parfaire son enjambée de 2m25, enjambée lui permettant d'établir le méjuger de 0m30. La base latérale droite durera donc 0m45. Sur cette base, l'antérieur gauche progressera, de concert avec le postérieur gauche, de 0m90.

Les progressions sur la base latérale droite sont donc les suivantes :

C E.	0^m45
Postérieur gauche.	0^m90
Antérieur gauche.	0^m90

L'attitude 5 représente le cheval à la fin de ces progressions, au moment où le postérieur gauche tombe à l'appui, construit la base diagonale droite et marque le quatrième temps du pas intermédiaire, après avoir fait son enjambée de 2^m25.

La base diagonale droite durera 0^m60, puisque l'antérieur gauche, qui la détruira en tombant à l'appui, n'a plus, ayant parcouru précédemment 0^m90, que 1^m20 à faire pour terminer son enjambée de 2^m10. Sur cette base, le postérieur droit fera, de concert avec l'antérieur gauche, 1^m20.

Les progressions sur la base diagonale droite sont donc les suivantes :

C E.	0^m60
Antérieur gauche.	1^m20
Postérieur droit. .	1^m20

L'attitude 6 représente le cheval à la fin de ces progressions, au moment où l'antérieur gauche, tombant à l'appui, construit la base latérale gauche et marque le premier temps du nouveau pas où toutes les enjambées seront désormais de 2^m10.

Dès ce moment, la durée des bases latérales correspondra à une étendue de 0^m45, celle des bases diagonales à une étendue de 0^m60.

Il nous reste à déterminer la durée des bases latérales et diagonales du nouveau pas.

A toutes les allures marchées, chaque période d'appui correspondant à une étendue égale au 1/6 de l'enjambée, chaque période d'appui, au pas allongé où les enjambées sont de 2^m10, correspondra à une étendue de 0^m35. Par conséquent, à ce genre de pas, la durée des bases latérales correspondant à une étendue de 0m45 et celle des bases diagonales à une étendue de 0m60, nous dirons qu'au genre de pas choisi, les bases latérales durent une période 2/7 et les bases diagonales une période 5/7.

Nous avions déjà fait observer, dans le chapitre III des allures marchées, que, dans tout changement d'allure, le premier demi-pas tenait davantage de l'allure qui venait d'être quittée, le deuxième demi-pas entièrement de l'allure nouvelle.

L'examen du plan de terre de la figure 36 confirme cette observation. Nous remarquons, en effet, que dans la deuxième partie du pas intermédiaire (att. 5 et 6), de même qu'au pas allongé de 2m10, les bases diagonales sont de 0m75, les bases latérales de 1m80, les méjugers de 0m30.

Le pas allongé, quoique étant une allure marchée, ne fait pas partie des allures marchées consignées dans le cadran hippique, l'étendue des enjambées à ces dernières allures étant toujours normale, c'est-à-dire égale à 1m80 pour un cheval de 1m60.

Toutes les fois qu'on se trouve en présence d'un pas allongé, faisant exception aux règles générales des allures marchées, le cheval est sur les épaules.

L'on remarquera, cependant, qu'à tous ces différents pas se reproduisent, comme aux allures marchées normales, les particularités suivantes :

1° La base diagonale est égale en étendue à la base latérale moins la demi-enjambée;

2° La base latérale est égale en étendue à la base diagonale plus la demi-enjambée.

Remarque : Le changement d'allure que nous venons d'expliquer pouvant se commencer par l'arrière-main, si nous le faisions partir du moment où se construit la base latérale gauche du pas normal, nous aurions successivement des enjambées et des bases dont les étendues seraient les suivantes :

1°	Enjambée postérieure droite.	1m95
	Base diagonale gauche.	0m75
2°	Enjambée antérieure droite.	1m95
	Base latérale droite.	1m80
3°	Enjambée postérieure gauche. . . .	2m10
	Base diagonale droite.	0m75
4°	Enjambée antérieure gauche. . . .	2m10
	Base latérale gauche.	1m80

Dès le troisième temps, instant où se construit la base diagonale droite et où commence la deuxième partie du pas intermédiaire, présentant tous les caractères du pas allongé choisi, l'instabilité étant plus grande qu'au pas normal qui vient d'être quitté, les bases diagonales ont une durée inférieure à celles du pas normal.

Au pas normal elles duraient deux périodes ; au pas allongé choisi elles durent une période 5/7.

CHAPITRE II

PASSAGE D'UN PAS ALLONGÉ

OÙ LES ENJAMBÉES SONT DE 2m10 AU PAS NORMAL

OUR effectuer ce changement d'allure, le cheval sera représenté (fig. 37) dans l'attitude 1, attitude qui lui est propre au moment où se construit la base diagonale droite du pas allongé choisi.

Progressions de la masse de C E à C E'.

Au moment de la construction de cette base diagonale, la masse venant de parcourir 0m45 sur la base latérale droite, l'antérieur gauche se trouve à 0m90 en avant de son précédent appui ou à 0m60 en avant du postérieur gauche; le postérieur droit au lever est à 1m05 en arrière de son congénère; l'étendue de la base diagonale droite est de 0m75.

Si, de cette attitude du pas allongé, nous voulons faire passer le cheval au pas normal, nous ferons progresser l'antérieur gauche de 1m05, c'est-à-dire d'une quantité qui lui permettra de tomber à l'appui à 0m90 en avant de l'antérieur droit et de préparer l'enjambée normale suivante de 1m80 de ce dernier. De concert avec l'antérieur gauche, le postérieur droit progressera de 1m05. Par

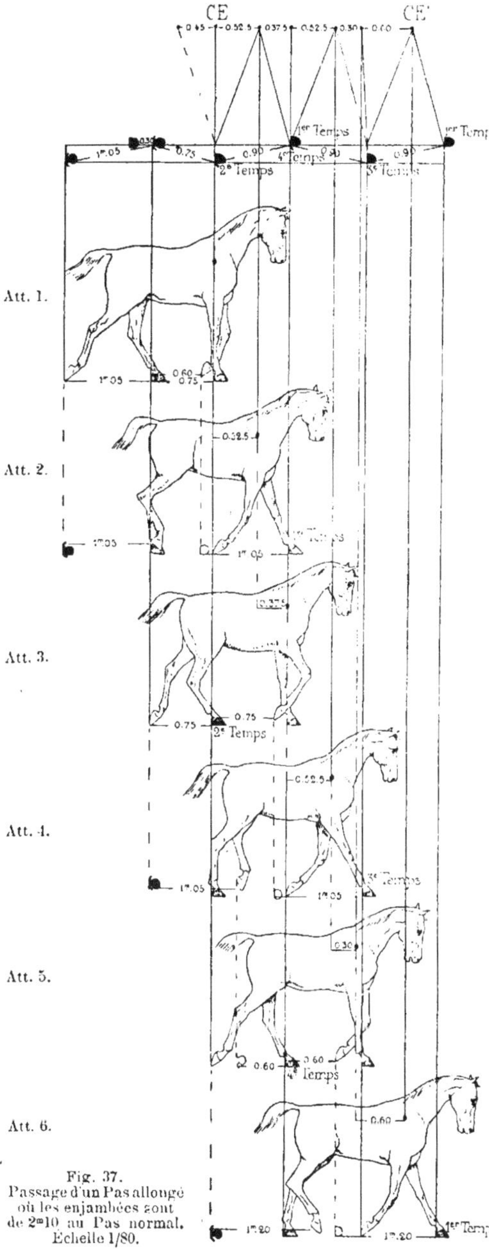

Fig. 37.
Passage d'un Pas allongé où les enjambées sont de $2^{m}10$ au Pas normal.
Échelle 1/80.

suite, la base diagonale droite aura une durée en périodes correspondant à l'étendue de $0^{m}52,5$, moitié de la progression des pieds en l'air; l'amplitude totale du pendule renversé élevé sur l'antérieur droit sera de $0^{m}97,5$; l'enjambée faite par l'antérieur gauche, commençant le changement d'allure et marquant le premier temps du pas intermédiaire entre le pas allongé et le pas normal, sera de $1^{m}95$.

Les progressions sur la base diagonale droite sont donc les suivantes :

C E. . . . $0^{m}52,5$
Antérieur gauche. $1^{m}05$
Postérieur droit. . $1^{m}05$

L'attitude 2 représente le cheval à la fin de ces progressions, au moment où l'antérieur gauche, tombant à l'appui, construit la base latérale gauche et marque le premier temps du pas intermédiaire.

Nous élèverons sur ce pied un pendule renversé faisant suite au précédent, dont l'amplitude totale sera de 0^m90, puisque le pied antérieur droit, qui construira la base latérale suivante, doit faire, pour opérer le changement d'allure, une enjambée normale de 1^m80.

La base latérale qui vient d'être construite aura une durée en périodes correspondant à une étendue de $0^m37,5$, parce que le postérieur droit, qui va la détruire, a déjà parcouru une étendue de 1^m05 sur la base diagonale précédente et n'a plus que 0^m75 à parcourir, pour terminer son enjambée et couvrir l'empreinte de l'antérieur droit. De concert avec lui, l'antérieur droit progressera de 0^m75.

Les progressions sur la base latérale gauche sont donc les suivantes :

C E.	$0^m37,5$
Postérieur droit. .	0^m75
Antérieur droit. .	0^m75

L'attitude 3 représente le cheval à la fin de ces progressions, au moment où le postérieur droit, tombant à l'appui après avoir fait une enjambée de 1^m80, construit la base diagonale gauche et marque le deuxième temps du pas intermédiaire.

Cette nouvelle base aura une durée en périodes correspondant à l'étendue de $0^m52,5$, parce que l'antérieur droit, qui va la détruire, a déjà progressé de 0^m75 sur la base latérale gauche et n'a plus que 1^m05 à parcourir, pour terminer son enjambée normale de 1^m80 et tomber à 0^m90 en avant de son congénère. De concert avec lui, le postérieur gauche progressera de 1^m05.

Les progressions sur la base diagonale gauche sont donc les suivantes :

C E. . . . . $0^m52,5$
Antérieur droit. . 1^m05
Postérieur gauche. 1^m05

L'attitude 4 représente le cheval à la fin de ces progressions, au moment où l'antérieur droit, tombant à l'appui après avoir fait une enjambée de 1^m80, construit la base latérale droite et marque le troisième temps du pas intermédiaire.

Cette nouvelle base aura une durée en périodes correspondant à l'étendue de 0^m30, parce que le postérieur gauche, qui la détruira, a déjà progressé de 1^m05 sur la base diagonale gauche et n'a plus, pour terminer son enjambée et couvrir l'empreinte de l'antérieur gauche, que 0^m60 à parcourir. De concert avec lui, l'antérieur gauche progressera de 0^m60.

Les progressions sur la base latérale droite sont donc les suivantes :

C E. . . . . 0^m30
Postérieur gauche. 0^m60
Antérieur gauche. 0^m60

L'attitude 5 représente le cheval à la fin de ces progressions, au moment où le postérieur gauche, après avoir fait une enjambée de 1^m65, tombe à l'appui, construit la base diagonale droite et marque le quatrième temps du pas intermédiaire.

Cette base diagonale aura une durée en périodes correspondant à l'étendue de 0^m60, parce que l'antérieur gauche, qui la détruira en tombant à l'appui, a déjà progressé de 0^m60 sur la base latérale droite et n'a plus que 1^m20 à parcourir pour terminer son enjambée totale de 1^m80. De concert avec lui, le postérieur droit progressera de 1^m20.

Les progressions sur la base diagonale droite sont donc les suivantes :

C E.	0^m60
Antérieur gauche.	1^m20
Postérieur droit. .	1^m20

L'attitude 6 représente le cheval à la fin de ces progressions, au moment où l'antérieur gauche, tombant à l'appui après avoir fait une enjambée totale de 1^m80, construit la base latérale gauche et marque le premier temps du pas normal nettement déterminé.

DURÉE DES BASES

Dans le pas intermédiaire, la durée des bases est la suivante :

Premier demi-pas	Premier temps. — Base latérale gauche . . soit une période 1/4.	$0^m37,5$
	Deuxième temps. — Base diagonale gauche. soit une période 3/4.	$0^m52,5$
Deuxième demi-pas	Troisième temps. — Base latérale droite. . . soit une période.	0^m30
	Quatrième temps. — Base diagonale droite. . soit deux périodes.	0^m60

La deuxième partie du pas intermédiaire présente les mêmes caractères que le pas normal.

Remarque : Le changement d'allure pouvant aussi se commencer par l'arrière-main, si on le faisait partir du moment où se construit la base latérale gauche du pas allongé choisi, on aurait successivement des enjambées et des bases dont les étendues seraient les suivantes :

1°	Enjambée postérieure droite.	1^m95
	Base diagonale gauche.	0^m90

2°	Enjambée antérieure droite.	1^m95
	Base latérale droite.	1^m80
3°	Enjambée postérieure gauche. . . .	1^m80
	Base diagonale droite.	0^m90
4°	Enjambée antérieure gauche.	1^m80
	Base latérale gauche.	1^m80

Dès le troisième temps, instant où se construit la base diagonale droite et où commence la deuxième partie du pas intermédiaire présentant tous les caractères du pas normal, la stabilité étant plus grande qu'au pas allongé qui vient d'être quitté, les bases diagonales ont une durée supérieure à celles du pas allongé. Au pas allongé elles duraient une période 5/7, au pas normal elles durent deux périodes.

CHAPITRE III

PASSAGE DU PETIT TROT AU TROT NORMAL

POUR faire passer le cheval du petit trot au trot normal, nous choisirons un trot normal où la suspension est de $0^{m}20$. (Progressions de la masse de CE à CE'.)

Nous savons qu'à l'allure du petit trot, un diagonal en l'air parcourt $1^{m}80$, pendant que la masse à l'appui sur l'autre diagonal progresse de $0^{m}90$.

Ceci posé, saisissons, pour effectuer ce changement d'allure, l'instant où le cheval tombe à l'appui sur le diagonal droit (fig. 38, attitude 1).

Dans le temps précédent de petit trot, la masse a progressé de $0^{m}90$ sur le diagonal gauche, et le pendule renversé élevé sur l'antérieur gauche, pour ne nous occuper que de la progression antérieure, a eu une amplitude de $0^{m}90$.

Après cette progression, le diagonal droit est tombé à l'appui et a marqué le premier temps du trot intermédiaire entre le petit trot et le trot normal choisi. Ce trot intermédiaire est déjà normal, puisque le cheval va se juger au deuxième temps, après avoir fait une enjambée de $2^{m}10$; ce n'est pas encore le trot normal choisi, puisqu'à ce dernier trot les enjambées sont de $2^{m}40$.

Le cheval devant se juger au deuxième temps du trot intermédiaire, le juger ne pourra s'obtenir que s'il est précédé d'une période de suspension. Nous aurons donc à déterminer l'étendue de la suspension et l'étendue de la progression à l'appui. Nous déterminerons d'abord l'étendue de la suspension, parce que de cette suspension dépend la progression de la masse à l'appui.

En effet, à tous les trots normaux, quelle que soit l'étendue de la suspension succédant à la période d'appui, la progression de la masse, d'un temps à un autre, est de 1m20 pour un cheval de 1m60. Par conséquent, dès que nous connaîtrons l'étendue de la suspension succédant à un temps, il nous sera facile de déterminer l'étendue de la période d'appui pendant ce temps : elle sera égale à la progression totale de 1m20, diminuée de l'étendue de la suspension.

Au trot normal choisi, la progression des quatre pieds en l'air étant de 0m35 pendant la suspension correspondante de 0m20 de la masse, la progression de la masse, pendant une suspension où les pieds parcourent 0m30, sera déterminée par la proportion suivante :

$$0^m35 : 0^m20 :: 0^m30 : x = 0^m17$$

Dans le pas de trot intermédiaire, la suspension de la masse est donc de 0m17; la progression de la masse à l'appui, de 1m03; l'amplitude du pendule renversé antérieur droit, de 1m03.

A tous les trots normaux, les enjambées étant de 2m40, et le trot intermédiaire étant déjà un trot normal, l'étendue du nouveau pas sera de 2m40 à partir du deuxième temps.

L'étendue du pas et l'étendue de la progression isolée étant connues, nous déterminerons les vitesses relatives du trot intermédiaire. Ces vitesses sont les suivantes :

Masse, infer-vitesse : 1m03/2m40.
Pieds, super-vitesse : 1m03/1m37.

Attitude 2. — L'attitude 2 représente le cheval au moment où la masse a parcouru 1m03 sur l'appui du diagonal droit. Pendant cette progression, le diagonal gauche en l'air a parcouru $1^m03 + 103/137$ ou $0^m77 = 1^m80$.

La suspension commence.

Attitude 3. — La suspension est finie. Le diagonal gauche tombe à l'appui, après avoir fait une enjambée de 2^m10, et marque le deuxième temps du pas de trot intermédiaire. Pendant la suspension de 0^m17 de la masse, les quatre pieds en l'air ont parcouru $0^m17 + 103/137$ ou $0^m1277 = 0^m2977$, soit en chiffres ronds 0^m30. Le diagonal droit en l'air est à 0^m30 en avant de son précédent appui.

Attitude 4. — Elle représente le cheval à la fin de la progression sur le diagonal gauche. La masse a parcouru 1^m03, le diagonal droit en l'air, 1^m80. La suspension commence.

Attitude 5. — Elle représente le cheval après la suspension. Pendant cette suspension, la masse a progressé de 0^m17, les quatre pieds en l'air de 0^m30. Le diagonal droit tombe à l'appui, après avoir parcouru $0^m30 + 1^m80 + 0^m30 = 2^m40$, et marque le premier temps du trot normal choisi. Le diagonal gauche en l'air est à 0^m30 en avant de son précédent appui.

Attitude 6. — Le cheval est représenté à la fin de la progression de 1^m00 de la masse sur le diagonal droit.

Pendant cette progression, le diagonal gauche, qui n'a parcouru qu'une étendue de 0^m30 pendant la suspension précédente, ne marche ni aux vitesses relatives du trot intermédiaire ni à celles du trot choisi. Pour les besoins de la nouvelle attitude, pour se juger, il progressera de 1^m75 pendant que la masse progressera de 1 mètre. La suspension commence; les vitesses relatives du trot normal choisi ne varieront plus. Elles sont de :

Infer-vitesse : $1^m00/2^m40$ ou 5/12.
Super-vitesse : $1^m00/1^m40$ ou 5/7.

Attitude 7. — La suspension est finie.

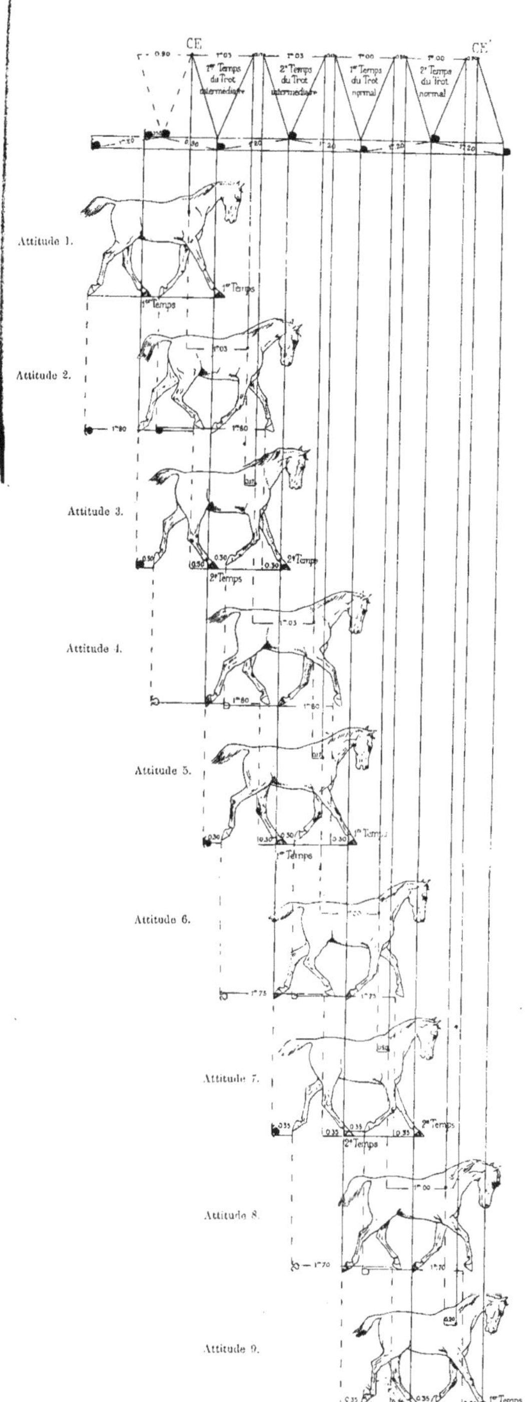

Fig. 38. — Passage du petit Trot au Trot normal. — Echelle 1/80.

Figure à placer en regard de la page 166.

Le diagonal gauche tombe à l'appui, après avoir fait son enjambée de 2^m40, et marque le deuxième temps du trot normal choisi.

Pendant la suspension de 0^m20 de la masse, les quatre pieds en l'air ont progressé de $0^m20 + 5/7$ ou $0^m1428 = 0^m3428$, soit en chiffres ronds 0^m35. Le diagonal droit en l'air est à 0^m35 en avant de son précédent appui.

Attitude 8. — Elle représente le cheval à la fin de la progression sur le diagonal gauche.

Pendant que la masse progressait de 1 mètre, le diagonal droit progressait de $1^m00 + 5/7$ ou $0^m7140 = 1^m7140$, soit en chiffres ronds 1^m70.

La suspension commence.

Attitude 9. — La suspension est finie. La masse a progressé de 0^m20, les pieds en l'air de 0^m35. Le diagonal droit tombe à l'appui et marque le premier temps d'un nouveau pas du trot normal choisi.

CHAPITRE IV

PASSAGE DU TROT NORMAL AU PETIT TROT

OUR obtenir ce changement d'allure, il faut d'abord déterminer à quel genre de trot normal est le cheval, la suspension aux divers genres de trots normaux étant variable. Nous choisirons donc un trot normal où, à chaque temps, la durée d'appui est de $1^{m}00$, la suspension de $0^{m}20$. (Progressions de la masse de C E à C E'.)

L'attitude 1 de la figure 39 représente le cheval au moment où le diagonal gauche, tombant à l'appui, marque le deuxième temps du trot normal choisi.

A cause de la suspension de $0^{m}20$ qui a précédé ce deuxième temps, les deux pieds du diagonal droit en l'air se trouvent à $0^{m}35$ en avant de leur précédent appui, le diagonal droit ayant progressé de $0^{m}35$ pendant la progression correspondante de $0^{m}20$ de la masse, puisqu'à ce genre de trot normal la super-vitesse du pied est de 5/7.

De cette attitude, nous pourrions faire commencer immédiatement le changement d'allure : si nous reproduisons les deux attitudes du cheval pendant ce deuxième temps, c'est simplement

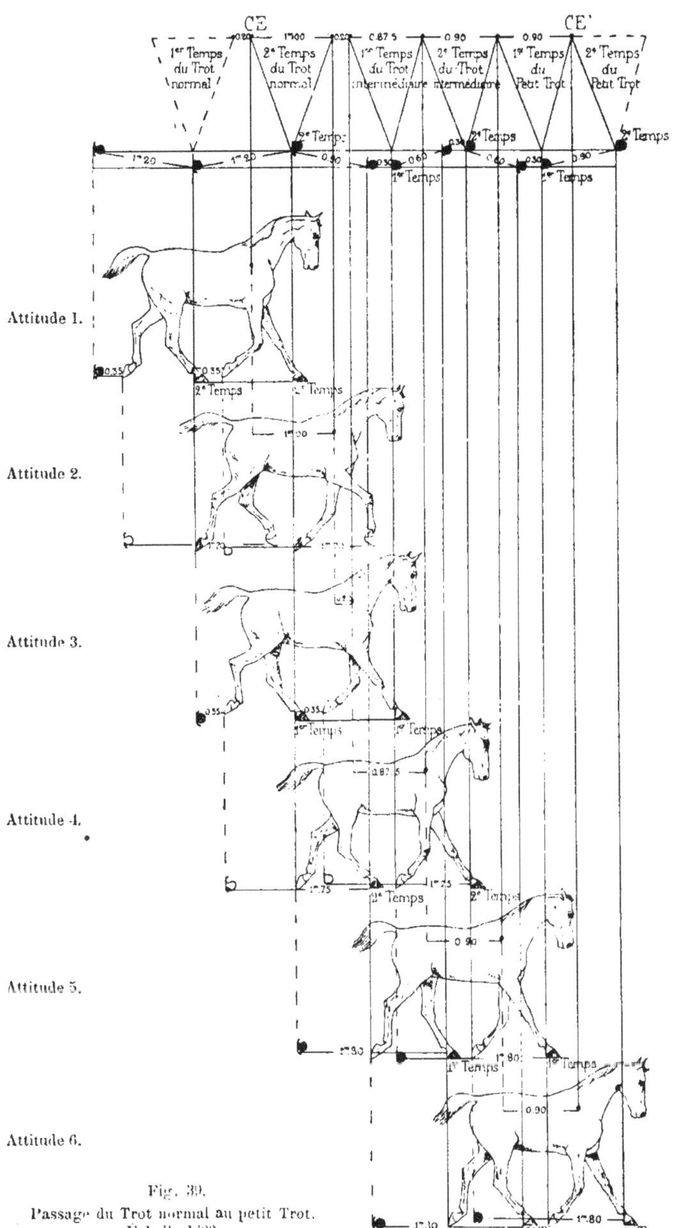

Fig. 39.
Passage du Trot normal au petit Trot.
Echelle 1/80.

pour mettre en évidence les diverses attitudes du trot normal choisi, du trot intermédiaire entre le trot normal et le petit trot, enfin du petit trot.

Au trot normal choisi, la masse progressant de 1ᵐ00 sur l'appui d'un diagonal, de 0ᵐ20 pendant la suspension qui suit, les deux progressions qui se feront pendant le deuxième temps seront, étant données les vitesses relatives 5/12 et 5/7, les suivantes :

1° Base diagonale gauche : C E à l'appui : 1ᵐ00.
Diagonal droit en l'air : 1ᵐ70.

C'est ce que représente l'attitude 2 ;

2° Suspension : C E en l'air : 0ᵐ20.
Quatre pieds en l'air : 0ᵐ35.

L'attitude 3 représente le cheval à la fin de cette suspension, au moment où le diagonal droit, tombant à l'appui, marque le premier temps du trot intermédiaire.

Quelle sera maintenant la progression de la masse sur ce diagonal pendant ce premier temps, c'est-à-dire l'amplitude du pendule renversé élevé sur un des pieds de ce diagonal, l'antérieur droit ?

Ce pas de trot intermédiaire étant une allure marchée, puisqu'il n'y a plus de suspension, l'amplitude du pendule renversé élevé sur l'antérieur droit sera égale à la moitié de l'étendue parcourue par le diagonal gauche en l'air. Or, le diagonal gauche, au moment où le diagonal droit tombe à l'appui, ayant déjà parcouru 0ᵐ35, et l'étendue de son enjambée devant être de 2ᵐ10, pour obtenir le déjuger de 0ᵐ30 qui existe au petit trot, devra progresser, pour déterminer ce changement d'allure, de 2ᵐ10 — 0ᵐ35 = 1ᵐ75. L'amplitude du pendule renversé élevé sur le pied marquant le premier temps du trot intermédiaire, allure marchée, sera donc de 0ᵐ87,5.

Par conséquent, les progressions sur la base diagonale droite, marquant le premier temps du trot intermédiaire, sont les suivantes :

C E à l'appui : $0^{m}87,5$

Diagonal gauche en l'air : $1^{m}75$

L'attitude 4 représente le cheval à la fin de ces progressions, au moment où le diagonal gauche, tombant à l'appui, marque le deuxième temps du pas de trot intermédiaire.

Dès ce moment, les phénomènes du petit trot se produisent ; par suite, le pendule renversé que l'on élèvera sur l'antérieur gauche sera de $0^{m}90$, puisque l'étendue de l'enjambée antérieure suivante est de $1^{m}80$. Il en sera de même pour tous les autres pendules renversés.

Dans l'attitude 5, le diagonal droit tombe à l'appui, après avoir parcouru $1^{m}80$, et marque le premier temps du petit trot nettement déterminé.

Dans l'attitude 6, le diagonal gauche tombe à l'appui, après une progression de $1^{m}80$, et marque le deuxième temps du petit trot.

CHAPITRE V

PASSAGE DU PAS NORMAL AU GALOP NORMAL

A DROITE

POUR obtenir ce changement d'allure, nous choisirons un genre de galop normal où l'entrecroisement des pendules renversés est de 0m20, par suite la période de suspension de 0m40, et nous placerons le cheval dans l'attitude qui lui est propre au pas normal, au moment où l'antérieur gauche, tombant à l'appui, construit la base latérale gauche. (Progressions de la masse de C E à C E'.)

L'étendue de cette base est de 1m80; l'antérieur droit au lever est à 0m90 en arrière de son congénère; le postérieur droit en l'air, à 0m60 en arrière de l'antérieur droit et à 0m30 en avant du postérieur gauche; C E est à 0m45 en arrière de l'antérieur gauche. Cette attitude est représentée figure 40, attitude 1.

La position de C E et des pieds déterminée, nous ferons commencer le changement d'allure au moment où la base latérale gauche se construit, et nous élèverons sur les deux pieds formant cette base des pendules renversés dont l'amplitude reste à déterminer.

A ce moment, si le pas normal continuait, le postérieur droit aurait encore 0m60 à parcourir pour tomber à l'appui et détruire la base latérale gauche. Par suite, la progression de la masse sur le latéral gauche serait de 0m30, ce qui donnerait au pendule renversé, élevé sur le postérieur gauche, une amplitude totale de 0m90. Cette amplitude correspondrait à la moitié de la progression du postérieur droit en l'air, progression qui a été de 1m20 sur la base diagonale droite précédente et qui serait de 0m60 sur la latérale gauche qui vient d'être construite. Mais, le cheval se mettant au galop normal au moment où la base latérale gauche se construit, la progression de la masse sur cette base ne sera plus la même. Quelle sera l'étendue de cette progression?

Pour déterminer cette étendue, nous nous demanderons où doit tomber à l'appui le postérieur droit.

Pour que le cheval se mette au galop normal à droite, il faut qu'il y ait entre les pieds du diagonal gauche, qui marquera le deuxième temps du galop, un écart de 1m20. Pour obtenir cet écart, il faut que les deux pieds du latéral droit en l'air progressent de 0m30. Cette progression faite, l'écart voulu existant, le postérieur droit tombera à l'appui ; et la fin de l'oscillation du pendule renversé, élevé sur le postérieur gauche, sera égale à la moitié de cette progression ou à 0m15. L'amplitude totale du pendule renversé, élevé sur le postérieur gauche, sera donc de 0m60 + 0m15 = 0m75. Par suite, la base latérale gauche n'aura qu'une demi-période de durée et le pendule renversé, élevé sur l'antérieur gauche, aura une amplitude totale de 0m15, étendue égale à la fin de l'oscillation du pendule renversé postérieur gauche.

L'attitude 2 représente le cheval à la fin de cette progression.

Dans l'attitude 3, les écarts sont les mêmes que dans l'attitude 2 ; seulement, les appuis sont différents : le latéral gauche est au lever, le postérieur droit commence l'appui.

Le postérieur droit, en tombant à l'appui, s'est engagé sous l'animal pour faciliter le lever de l'avant-main et permettre au

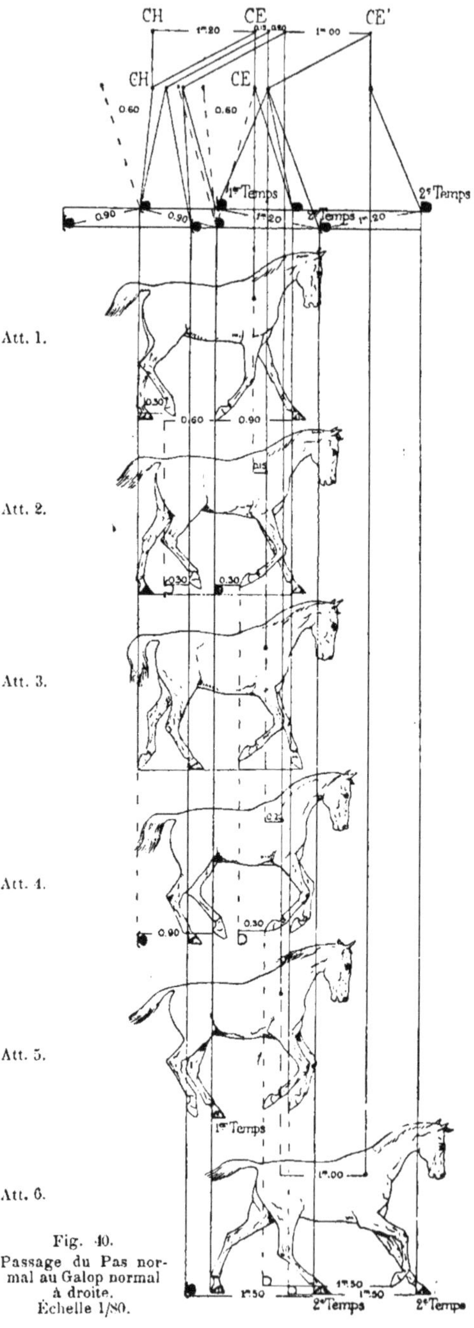

Fig. 40.
Passage du Pas normal au Galop normal à droite.
Échelle 1/80.

postérieur gauche de marquer le premier temps du galop. Sur ce pied à l'appui, nous élèverons un pendule renversé, faisant suite à celui élevé sur le postérieur gauche, dont nous allons déterminer l'amplitude.

Au galop normal que nous avons choisi, le postérieur gauche, marquant le premier temps, doit tomber à l'appui à $0^{m}30$ en avant du postérieur droit. Il tombera donc à l'appui à $0^{m}90$ en avant de son appui précédent; mais, comme il doit se trouver, au moment où il marque le premier temps, à $0^{m}60$ en arrière de l'antérieur droit en l'air, celui-ci ne progressera dans le même temps que de $0^{m}30$. De son côté la masse prise à CE, progressant dès maintenant aux vitesses relatives du galop normal, n'avancera que de $0^{m}20$. La masse prise à C E ne s'étant avancée que de $0^{m}20$, la masse prise à C H n'aura pu parcourir plus de $0^{m}20$ et l'amplitude du pendule élevé sur le postérieur droit sera de $0^{m}20$. L'antérieur gauche n'aura pas eu de progression propre, afin de conserver l'écart diagonal de $1^{m}20$, exigé à la deuxième foulée.

L'attitude 4 représente le cheval à la fin des progressions précédentes.

Dans l'attitude 5, les écarts restent les mêmes que précédemment : il n'y a eu qu'échange d'appui entre le postérieur droit et le postérieur gauche qui marque le premier temps du galop. Le postérieur droit lève et se prépare à marquer, avec l'antérieur gauche, le deuxième temps.

L'attitude 6 représente le cheval à la fin de la progression sur la base unipédale postérieure gauche, au moment où le diagonal gauche, tombant à l'appui, marque le deuxième temps et construit la base tripédale antérieure gauche. Pendant cette progression, la masse a parcouru $1^{m}00$ à l'appui, les trois pieds en l'air, $1^{m}50$. Le galop normal est nettement déterminé.

L'on remarquera que, dans ce changement d'allure, le cheval n'a pas quitté terre; il ne sera en l'air que pendant la suspension qui suivra la troisième foulée du pas de galop.

CHAPITRE VI

PASSAGE DU GALOP NORMAL A DROITE

AU PAS NORMAL

OUR obtenir ce changement d'allure, nous placerons le cheval dans l'attitude qui lui est propre à la fin de la progression sur la base tripédale antérieure gauche d'un galop normal où l'entrecroisement des pendules renversés est de $0^{m}20$. Figure 41, attitude 1. (Progressions de la masse de C E à C E'.)

A ce moment, si le galop normal continuait, l'amplitude totale des deux pendules renversés, élevés sur le diagonal gauche, serait de $1^{m}20$; mais, le pied antérieur droit devant déterminer par son appui une nouvelle allure, l'amplitude totale de ces deux pendules, qui ont déjà oscillé de $0^{m}20$ pendant la durée de la base tripédale antérieure gauche, ne pourra être déterminée que lorsqu'on connaîtra le point correspondant au commencement de l'oscillation du pendule renversé antérieur droit.

L'antérieur droit, pour marquer le premier temps du pas intermédiaire entre le galop normal et le pas normal, devra tomber à l'appui à $0^{m}90$ en avant de son congénère. Or, si nous élevons sur l'appui de ce pied un pendule renversé de $0^{m}90$, amplitude ordinaire des pendules renversés aux allures marchées normales, pour un cheval de $1^{m}60$, nous aurons un nouveau pendule renversé antérieur dont le commencement d'oscillation correspondra à la fin de l'oscillation du pendule renversé antérieur précédent.

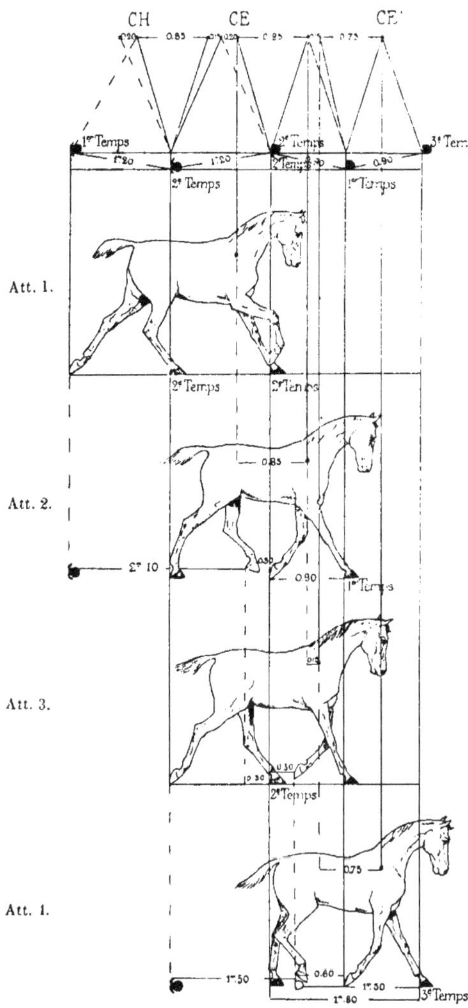

Fig. 41.
Passage du Galop normal à droite au Pas normal.
Échelle 1/80.

Le tracé du pendule renversé antérieur droit nous permet donc de déterminer la fin de l'amplitude du pendule renversé antérieur gauche, pendant la durée de la base diagonale gauche : elle est de $0^{m}85$, au moment où l'antérieur droit tombe à l'appui. L'amplitude totale du pendule renversé antérieur gauche sera donc de $1^{m}05$.

Que feront les deux pieds du diagonal droit en l'air pendant cette progression de la masse sur l'appui du diagonal gauche?

Nous savons déjà que l'antérieur droit fait 0m90, puisque, dans l'attitude choisie, il est sur la même ligne que son congénère. Quant au postérieur gauche, il progressera de 2m10, c'est-à-dire d'une quantité lui permettant de se trouver, au moment du premier temps du pas intermédiaire, à 0m30 en arrière de l'antérieur gauche au lever. En effet, dès le commencement d'appui de l'antérieur droit, les vitesses relatives du pas commençant, le postérieur gauche ne devra progresser que de 0m30, pendant la durée de la base latérale droite. Cette base ne dure qu'une demi-période, puisque le pendule renversé postérieur droit a encore à osciller de 0m15, pour rejoindre le point correspondant au commencement de l'oscillation du pendule renversé antérieur gauche.

Au moment où se construit la base latérale droite, l'oscillation du pendule renversé postérieur droit n'est donc pas terminée, contrairement à ce qui se passe pour le pendule renversé antérieur gauche : comme il oscille de nouveau de 0m15, son amplitude totale sera de 1m20.

Le postérieur gauche se trouvant, à la fin de la progression sur la base diagonale gauche, à 0m30 en arrière de l'antérieur gauche, aura donc parcouru 2m10 sur cette base.

Par conséquent, les progressions sur la base diagonale gauche sont les suivantes : C E : 0m85.

Antérieur droit : 0m90.

Postérieur gauche : 2m10.

L'attitude 2 représente le cheval à la fin de ces progressions, au moment où l'antérieur droit, tombant à l'appui, construit la base latérale droite et marque le premier temps du pas intermédiaire.

Cette base latérale durera une demi-période, parce que, dès que la masse aura progressé de nouveau de 0m15, l'amplitude du pendule renversé postérieur droit étant complète, le postérieur gauche tombera à l'appui après avoir fait une progression de 0^{m}30, de concert avec l'antérieur gauche.

Les progressions sur la base latérale droite sont donc les suivantes : C E : 0^{m}15.

Latéral gauche : 0^{m}30.

L'attitude 3 représente le cheval à la fin de ces progressions, au moment où le postérieur gauche, tombant à l'appui sur l'empreinte de l'antérieur gauche, construit la base diagonale droite de 0^{m}90 et marque le deuxième temps du pas intermédiaire.

Cette base diagonale durera deux périodes et demie, parce que, sur l'appui de l'antérieur droit, la masse a encore à progresser de 0^{m}75, pour que l'amplitude du pendule renversé antérieur droit soit complète.

Les progressions sur la base diagonale droite sont donc les suivantes : C E : 0^{m}75.

Diagonal gauche : 1^{m}50.

L'attitude 4 représente le cheval à la fin de ces progressions, au moment où l'antérieur gauche, tombant à l'appui, construit la base latérale gauche et marque le troisième temps du pas de pas intermédiaire.

Le premier demi-pas est terminé ; le deuxième demi-pas commence et présente les mêmes particularités que le pas normal. En effet, la base latérale gauche est de 1^{m}80 et le postérieur droit en l'air est à 0^{m}60 en arrière de l'antérieur droit dont il doit recouvrir l'empreinte, ce qui donne à la base latérale une durée d'une période, comme au pas normal, et par suite, à la base diagonale suivante, qui serait construite au quatrième temps, une durée de deux périodes.

CHAPITRE VII

DU GALOP NORMAL AU TROT NORMAL

ET DU TROT NORMAL AU GALOP NORMAL

OUR obtenir ces changements d'allure, nous choisirons un genre de galop et de trot normal où la suspension est de 0m20. Par suite, l'entre-croisement des pendules renversés postérieurs et antérieurs du galop choisi sera de 0m10.

Cela posé, nous représenterons le cheval dans l'attitude qui lui est propre à la fin du troisième temps de ce pas de galop, au moment où la suspension va commencer (figure 42, attitude 1). Dans cette attitude, le postérieur droit, à cause des vitesses relatives du galop normal, est à 0m45 en arrière du postérieur gauche ; l'antérieur droit, à 0m30 en avant de celui-ci ; l'antérieur gauche, à 1m20 en avant du postérieur droit ou à 0m45 en avant de son congénère.

Si, de cette attitude, nous faisons passer le cheval au trot normal, il faudra que le postérieur droit, après la suspension de 0m20 qui suit le troisième temps, tombe à l'appui sur l'empreinte de l'antérieur droit. L'écart entre ces deux pieds étant de 0m75, le diagonal gauche parcourra 0m75 pendant la suspension de 0m20 de la masse, les deux pieds de ce diagonal devant garder entre eux, à la nouvelle allure, l'écart de $1^{m}20$ qu'ils avaient au galop; l'antérieur droit progressera de $0^{m}35$, pour se mettre dans sa position régulière au pas de trot choisi qui commence; le postérieur gauche ne progressera pas, à cause de l'avance prise par lui dans l'allure précédente.

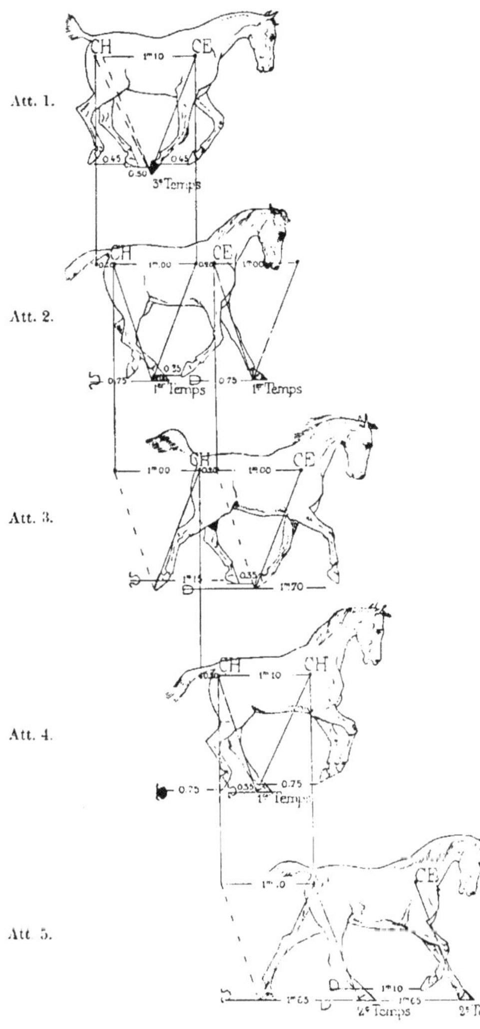

Fig. 42. — Passage 1° du Galop normal au Trot normal. 2° du Trot normal au Galop normal. — Échelle 1/80.

Les progressions pendant la suspension seront donc les suivantes :

CE. . . . $0^{m}20$.
Diagonal gauche . $0^{m}75$.
Antérieur droit. . $0^{m}35$.
Postérieur gauche . $0^{m}00$.

L'attitude 2 représente le cheval à la fin de ces progressions, au moment où le diagonal gauche, tombant à l'appui, marque le premier temps du pas de trot normal intermédiaire.

Comme on le voit, les vitesses relatives du galop ont été complètement modifiées pour les besoins de la nouvelle attitude.

Au trot normal choisi, la masse progressant de 1 mètre sur l'appui d'un diagonal, la progression à l'appui, si les pieds étaient à leur vraie place et le pas nouveau nettement déterminé, serait de 1 mètre sur le diagonal gauche, pendant une progression correspondante et simultanée de 1^{m}70 du diagonal droit en l'air. Mais, l'antérieur droit en l'air, au commencement du nouveau pas, étant seul à sa place régulière, progressera seul, suivant les vitesses relatives du trot choisi, de 1^{m}70. Quant au postérieur gauche, à cause de son avance, il ne progressera que de 1^{m}15, ce qui lui permettra, au moment où la suspension commencera, de se trouver à sa place régulière, soit à 0^{m}35 en arrière de l'antérieur gauche.

Les progressions sur la base diagonale gauche seront donc les suivantes :

C E.	1^{m}00.
Antérieur droit. . .	1^{m}70.
Postérieur gauche. .	1^{m}15.

L'attitude 3 représente le cheval à la fin de ces progressions, au moment où la suspension va commencer.

Si le trot normal, qui maintenant est déterminé, continuait, nous retrouverions au second temps de ce trot, après la suspension de 0^{m}20, toutes les particularités du trot normal choisi : après cette suspension, les deux pieds du diagonal gauche en l'air se trouveraient à 0^{m}35 en avant de leur précédente empreinte. Mais, si nous profitons de cette suspension pour faire passer le cheval du trot normal au galop normal choisi, les progressions ne seront plus les mêmes, puisque, pour les besoins de la nouvelle attitude, elles ne se feront plus aux vitesses relatives du trot normal. Quelles seront ces progressions ?

Pour que le cheval passe de l'attitude 3 au galop normal à droite, le postérieur gauche, qui marque le premier temps du galop, devra tomber à l'appui, après la suspension, sur l'empreinte de l'antérieur gauche, c'est-à-dire après avoir progressé de 0^m35. De son côté, le diagonal gauche, pour se trouver au commencement du pas à sa place régulière, devra progresser de 0^m75, ce qui place le postérieur droit à 0^m45 en arrière de son congénère. Quant à l'antérieur droit, à cause de l'avance précédemment acquise, il ne fera aucune progression propre.

Les progressions pendant la suspension seront donc les suivantes :

C E	0^m20.
Postérieur gauche.	0^m35.
Diagonal gauche. .	0^m75.
Antérieur droit . .	0^m00.

L'attitude 4 représente le cheval à la fin de ces progressions, au moment où le postérieur gauche, tombant à l'appui, marque le premier temps du galop normal à droite.

Sur l'appui de ce pied nous élèverons un pendule renversé de 1^m20, incliné en avant de 0^m10, pour permettre l'entrecroisement des deux pendules renversés postérieurs au moment de la deuxième foulée.

Dès ce moment, les pieds régulièrement placés progressant d'après les vitesses relatives du galop normal, le diagonal gauche en l'air parcourra, pendant la progression de 1^m10 de la masse sur l'appui du postérieur gauche, $1^m10 + 1/2 = 1^m65$, avant de tomber à l'appui. Quant à l'antérieur droit, à cause de l'avance précédemment acquise, il ne parcourra que 1^m10, ce qui le placera, au moment du deuxième temps, à 0^m45 en l'air et en arrière de son congénère et lui permettra, pendant la durée de ce temps, de progresser à sa vitesse normale, c'est-à-dire de 1m65 pendant la progression simultanée de 1m10 de la masse.

Les progressions pendant le premier temps du galop sont donc les suivantes :

C E	1m10.
Diagonal gauche.	1m65.
Antérieur droit. .	1m10.

L'attitude 5 représente le cheval à la fin de ces progressions, au moment où le diagonal gauche, tombant à l'appui, construit la base tripédale antérieure gauche et marque le deuxième temps du galop normal nettement déterminé.

FIN

TABLE DES SOMMAIRES

Pages.

TROISIÈME PARTIE

CHANGEMENTS D'ALLURES

CHAPITRE I

CHAPITRE II

CHAPITRE III

CHAPITRE IV

CHAPITRE V

CHAPITRE VI

CHAPITRE VII

FIN DE LA TABLE

Paris. — Typ. Ch. Unsinger, 83, rue du Bac.

www.ingramcontent.com/pod-product-compliance
Ingram Content Group UK Ltd.
Pitfield, Milton Keynes, MK11 3LW, UK
UKHW021139260726
13994UKWH00001B/224

9 782329 412641